아픈 손가락

임 린 시집

아픈 손가락

2025년 10월 25일 인쇄
2025년 10월 30일 발행

지은이 임 린

펴낸이 강경호 편집장 강나루 디자인 정찬애
펴낸곳 도서출판 시와사람
등록 1994년 6월 10일 제 05-01-0155호
주소 광주시 동구 양림로119번길 21-1(학동)
전화 (062)224-5319 E-mail jcapoet@hanmail.net

ISBN 978-89-5665-795-0 03810

값 12,000원

＊잘못된 책은 구입하신 서점에서 바꾸어 드립니다.
＊지은이와의 협의로 인지를 붙이지 않습니다.
＊이 책은 한국예술인복지재단 예술활동준비지원사업
  일부지원으로 제작되었습니다.

이 도서의 국립중앙도서관 출판예정도서목록(CIP)은
서지정보유통지원시스템 홈페이지(http://seoji.nl.go.kr)와
국가자료종합목록 구축시스템(http://kolis-net.nl.go.kr)에서
이용하실 수 있습니다.

아픈 손가락

ⓒ 임 린, 2025
이 책의 저작권은 저자에게 있습니다.
저작권에 의해 보호를 받는 저작물이므로
출판사와 저자의 허락 없이 무단 전재와 복제를 금합니다.

■ 자서

눈 비 바람
거절하지 않고
내어준 잔등

달을 따라 나서는
간기 머금은 갯메꽃

아내의 부어있는 눈가가 젖어있다

아픈 손가락 / 차례

제1부 밥보다 좋았던 밥

- 18 밥 보다 좋았던 밥
- 20 달과 같이
- 21 부재
- 22 무직
- 24 빗물
- 25 수염 풀
- 26 어린 징 소리
- 28 쉬 소리는 시 같아
- 30 어머니의 눈물
- 31 달을 세貰로 얻을 수 있다면
- 32 신화와 목마
- 34 유전의 의미
- 36 사라진 지문
- 38 빈 마음에
- 40 산동네의 겨울
- 42 플라타너스
- 44 가벼운 초승달
- 46 노점 어머니

제2부 불편한 사육

불편한 사육　50
봄밤이 익는다　52
비밀의 날개　54
수국　56
신가리 낚시터　58
신발에 대하여　60
매화　62
업는다는 것　63
연꽃밭 서호에서　64
벚꽃 트럭　66
섬　68
팬터마임　70
한철이네요　72
한 집에 둘　74
기이한 평화 운주사　76
풀잎　78
양동사람들　80

제3부 낡은 의자에 대하여

- 82 낡은 의자에 대하여
- 84 바람바위를 걷는다
- 86 백련지 얼룩거미
- 88 서창나루는 강의 아이 뒤채며 영산강으로 흐른다
- 90 빈 깡통을 들고 유통기한을 보는 습관이 있다, 나를 보는 것처럼
- 92 시간을 만지다
- 94 어느 탐험가의 죽음
- 96 새벽 바다
- 97 웰다잉
- 98 바람이 한 쪽으로 분다
- 100 바람은 기다림이 아니다
- 101 벼랑 새
- 102 쇄루우灑淚雨
- 104 박의 함수函數
- 106 달에게로 간 타이어
- 108 염소 등에 앉은 점모시나비
- 110 할미꽃
- 111 즈드랏듸티

제4부 쓸쓸하고 씁쓸한 것

쓸쓸하고 씁쓸한 것　114
아웃사이더　116
가시 장미　118
간이역 젖는 이유는 무엇일까　120
구멍 난 돌이 무슨 말할까　122
통증의 귀　124
고려인　126
마로니에 프렌즈　128
각도가 없는 나무　130
지하 주차장　132
풀이 꺾이면　134
알레르기 빗방울　136
어제의 다리가 되어　138
오동도　140
잠 속의 잠　142
위험危險한 손　144
우편함　146
투명한 것이 부른 산새　148

150　서린아
151　효린아

평설
152　상실과 견딤의 시학/ 김종

아픈 손가락

제1부

밥보다 좋았던 밥

밥 보다 좋았던 밥

햇볕이 잘 구워낸 옥수수를 보면
옥수 같은 어머니 손 생각,
옥수수 먹으며 별을 세던 밤도 있었다

나 한 입, 어머니 한 입 먹다가
어머니가 슬며시 부엌으로 나가셨다

눈치 없는 나는
알맞게 찰진 것을 다 먹고
굳은 옥수수 한 톨 까지
남김 없이 먹었다
혁대 같이 긴 학교의 오전
점심 도시락에 넣어 주면 한끼 밥 보다 좋았다

배곯던
어머니 돌아 가시고
허젓하고 죄송한 마음

씨 강냉이를 죽채반에 담아 시렁대에 걸어놓고
어머니와 어려서 먹던 별 밤의 옥수수

이젠 어머니도 옥수수도 잃어버리고,
보릿고개 넘으며
주변을 돌아 보지 못했던
그 기억으로 나의 삶은 혼자가 아니다

달과 같이

죽 먹던 시절

알 수 없는 실웃음 젖 물리면 그쳐
가난을 내색 않고
파리한 울음소리로 애기 경전 읽어 냈다는 어머니
옹이진 손으로 바느질 삯 받아 등록금 내주시고
합격 소식에 대견해 하시던 깡치 박힌 손

술로 가신 아버지에 발작하며
참던 어머니
달 그림자 수굿한 어머니도
물끼 젖은 아내, 고만한 손자 둘 남기고
산딸나무 곁 아버지 곁에 가셨다

돌아보면 쓸쓸한 별이 흐리다
애써 커가는 아이들과 애옥살이 아내를 두고
직장을 그만 둘 수 없는 처지

수척한 달 그림자 같은 아내의 주름
얼굴을 쓰다 듬으면
아내의 부어있는 눈가가 젖곤 했다

부재

그리운 맛은 그리운 기억을 호출한다
부재의 존재가 사람을 흔든다

외식 자리에 차려진 멸치볶음
생전에 좋아 하시던 볶음 멸치 올랐다

고봉으로 떠 자시던 보리 숟가락

이 엄동설한에 아버지의 발가락이 얼어서
유토피아와 헤테르피아의 눈이 내린다

피안 차안 그 경계 세 가락이 혼재하는
언어 밖의 체위

삼각 초점이 흔들리며
일행에게 마음을 들킨다

우포 늪지 눈꼬리 세 개
가장자리 같은 옛날에 산다

무직

발걸음이 저녁처럼 뜸하다
일당 팔만 원을 받고 파했다
예약이 없는 귀가에
진눈깨비 내린다
작업화가 젖은 발을 말린다
벨이 조용하다
상처엔 좌판 주고 가신
어머니가 발라준 침이 명약이었다
가끔 거친 손으로 된장을 내밀었는데
싫어 집 나간
아들 찾아 사방으로 헤맸던 어머니
돌아가신 눈꽃이 내린다
성인 되어 차린 속이
헤아릴 수 없는 눈 속으로
걸어 들어 간 뒤에
분간할 수 없는
소리 들렸다 사라진다
구급차 소리 울리고
아무렇지도 않게 함박눈이 푹푹 내린다
제 몸 하나 붙박아 둘 중력의 직장은

보이지 않았다
어머니 놓친 후회도 소용 없었다
세상은 다시 조용하다

빗물

사선으로 꽂히는 부리
아스팔트 고인 물 위로 팽귄처럼 몰려 다닌다
점액질 발은 바나나에 미끌린다
문방구 처마 밑에 후줄근히 물끼를 털면
구름의 공동묘지에 광견이
어둠을 무섭게 찢어 발리던 날
한 점 어머니
십리 장터 좌판 변변치 않은 채물에 비닐을 씌우고
그 안에서 비 개이기를
웅크리고 같이 졸고 있었다
나는 빈한하고 깜깜한 제2강 목차로 태어나
그 어머니 자식이
어머니 덕분에 조그만 도시
엘이디 불빛 밑을 서성이고 있다
이런 날
선생질하는 내 책가방에서는
뚝뚝 문장 같은 빗물이 떨어지고
옛 강 위에 은하수는 깜깜히 빛나
멀고도 선명하게 몸뻬 입은 한 여인이
복사되었다

수염 풀

죄 만큼 수염이 자라네
몸에는 모毛이고 얼굴에 돋으면 수염이라는데
무슨 미련으로 성할까

밀어야 좋다는
구렛나루가 마른 가지였다면
큰 아궁이 하나 덥힐 텐데
쪼들린 살림에 돈이라면 어땠을까

면도기에서 떨어지는 효경孝經을 보며
행장이 매끄러워 질 때
걸음이 자꾸 어머니의 산길을 가네

어머니는 까칠한 수염이 버릇없다면서
경전은 왜 들먹이며 뒤돌아서서 웃으셨을까
이제는 말 없으신 무덤 위에
수염 풀 무성한데

노을의 강 너머
서까래 깊던 고향
나는 까치처럼 서있네

어린 징 소리

원효사 아랫 마을에 살았다

시인들이 종소리의 저녁을 노래 하지만
내겐 머리맡에 닿은 징소리를 잊을 수 없다

초가지붕 마다 박꽃이 필 무렵
좁은 마당에 달빛이 강을 달리면
베갯가를 울리던 어린 뺨이 떨렸다

이불을 말고 설핏 모잠에 들면
첫닭 우는 시각 어머니 머리 단장하시는 짬
장꽝 뚜껑이 열리는 밥때를 못 기다리고
대숲은 밤새워 수런거렸다

산 넘어 아련히 깃든 바람 소리 죽여 울었다

문인이 되던 못 되던
흰 종이 한 장 앞에 물끄러미
딱지가 붙어 버린 지금

징소리 없으면 새벽 오지 않듯이
앳된 비몽사몽 저물 길에 안고 가다니
지잉 지잉 하늘 끝을 울리며
작은 새 가슴을 널뛰게 하다니

여기서 저기로 날아 가버린 아무데도 없는 징소리
온몸에 실린 이명 지금껏
숨어 있다

쉬 소리는 시 같아

어려서 앞도 가리지 못했던 시절이다
빨랫감을 개키던 어머니는
잠투정을 깨워 소변을 누이곤 했다
쉬 하는 소리에 터진 줄기가 헛방을 나가면
쭈쭈쭈 고추를 말리고
엉덩이와 배를 가만가만 두드려 주셨다
그래서 일까 쉬 소리에 길들여져
쉬 소리 같은 시가 시골 뒷산
대숲 바람이 되어 귀에 붙는다
아내의 시간에 돈 되는 일로 핀잔을 듣지만
건네다 본 먼 하늘은 별을 키웠다
가다 가다 사는 게 막막 강산일 때는
이따금 부모님 잠든 산 숲을 찾아
새소리, 꽃 내음에 흠씬 젖다가 어둑발로 끌린다
어머니의 토닥거림은 푹신한 뭉게구름이지만
아득히 안는다
흩어진 마음 다잡지 못하고 굽어 진 무릎
어르는 어머니 말씀에 보습을 벼르지만
바람에 무너지는 이삭을 가늘 수 없다
어머니와 통성하는 온전한 시간 만큼은

젖은 돗자리에 앉아
까치놀로 날아가는 검은 새떼의
목메는 저녁을 말하고 싶다

어머니의 눈물

가끔

아주 가끔은

옷소매에 고개 묻고

돌아 서서 우셨다

속내 알 수 없고

볼 수도 없는

어쩌면 혼자 아닌 서러움

강물 흘러 저문 강둑에서

이젠

내가 흘러간 눈물을 떨구고 있다

달을 세貰로 얻을 수 있다면

별바라기 아파트엔 해가 곁눈질로 지나갑니다
높다란 부딪침으로 월곡산정의
그늘은 오래도록 몸둘레를 내렸습니다
삐걱거리는 엘리베이터가 가쁜 숨으로 늙어 가는
멧비둘기의 신음이 이방 여인의 젖몸살을 앓습니다
불편한가요 대책 없는 질문에 아파트를 계약 했거든요
천산산맥을 오르던 라마의 흑구슬 같은 눈이 되돌아봅니다
부부가 아쉬운 나도 근근히 월세로 버티고 있습니다
어쩌자고 입하에도 찬비 내리고
죄목에도 없는 법을 10평 1105호에 우겨 넣습니다
순간순간이 온전한 가난을 전각 기호로 새깁니다
잘려 나간 두 손가락 몫을 여덟 손가락이 지고
조심조심 투명하게 유리컵을 닦습니다
물 한잔에 사람이 초췌해 보이고
반딧불이 아직 수경 가득 살아 있습니다
무명으로 찾을 수 없는 동박새 울고
엄지 검지 두 마디에 혼자 먹고 쓰러진 밤
갈라진 땅에서 찔레는 찔레 찔레 돋습니다
별빛 수척한 방에 육십 촉 불빛을 켭니다
동굴 속 공황장애가 붕대처럼 풀어지는
목련 한 송이의 밤은 불면입니다

신화와 목마

문밖에 저녁을 펴는 그림자
소식인 양 흰 비듬을 털어낸다

쓸쓸한 그림자가 구멍으로 사라진다
길가의 가로등 사선의 눈발
아이의 울음소리에 섞여서 산의 신화가 새어 나온다

책가방에 신화를 숨겨 읽던 날 엊그제
이젠 사람의 얘기 좀 듣고 싶은데
자꾸 신의 얘기를 하는지

신화가 가려울 때면 백두산을 오른다
오금이 저려 젖은 적도 있지만
목마를 거른다면 미워했을 것이다

무성한 흰 머리 위에서
백두산이라는 이유를 알았다

길거리 기척이 고요 속으로 빨려 든다
직장 가신 아버지의 귀가가 전례 없이 늦어진다

어머니와 난 귓바퀴가 예리하다
한밤중 주먹 눈이 대문을 두드린다
맥박이 멈추다 불연속적이다
부정맥일까 이미 자정은 가까워 오는데
잠잠해진 신의 소리
불안하다 어머니와 난 더운 손을 쥔다

신화처럼
천지 빙벽 깨치고 우리 앞에 오실 아버지

유전의 의미

자전거 페달은 아버지의 몫
짐받이에는 아들이 걸터 앉았다

절절한 문장은 옛 것
기록은 묵은 날의 전범일 뿐이다
지난 날을 한사코 거부하며 저항하는
새로운 세대가 둥근 마을에 도착하여
손때 묻은 오래된 지문을 봉인하였다

아들이 자식을 태우고 간다
겪어보지 못한 아이의 아버지 미간에 빗금이 드린다
분화된 길의 서사를 엮는 아들
아버지의 행간을 박차며 페달을 밟을 때
입장이 입장을 낳는다

일식된 해의 윤곽이 얼쳐
대대로 얽힌 가문이 서리고 결별은
영원한 미지로 날린다

과거가 다리를 뻗은 내일

내일을 낳는 포란 세대
세기를 초로 계산하는 젊음에게
우리는 어떤 유산을 이어 갈 수 있을까

구름의 기반이 낮게 깔리고
높이 흰꽃을 쌓는 뭉게구름을 보며
새로운 탑신보다 이끼낀 탑에 관심을 갖는
신화는 몇 번 죽어야 살까

각주를 남기고 우묵한 고전에
읽지 않는 시간들이 고인다

사라진 지문
- 어느 겨울을 위한 노래

낮은 곳으로 발자국을 지워 간다
지우면 부리와 촉각은 예민해진다
밀리는 건지 미는 건지 물길의 흔적이
지문을 망각한다는 건 오답일 것이다
소멸도 확인돼야 삶을 통과할 수 있는 것
구름과 모래무지는 지문이 필요 없다는 말인지
열 손가락 끝에 지문을 잃은 붉은 그믐달이
당황한 여인으로 고개를 떨군 날
하얀 길 위에 모든 눈이 쏠렸다
자그마한 바퀴 질통이 덜덜거리고
유리 알 같은 가로 위를 굴러 가며
박꽃 같은 겨울 속으로 걸어 들어갔다
도로 중간에서 부딪히는 굉음과 경적
행인의 눈에 비친 핏빛 떨림
발끝에서 멈추어 버린 여인네의 참상에
놀람들이 웅성거리는데
사건을 남긴 최후에 검시가 끝나면
신문 쪽면 풍경의 하루로 저물 것이다
무학도 무지도 소용없는 무언의 자유

끌고 가다 끌리다 누워버린 겨울
세기말 적 가난과 격차가 끝나지 않는 오늘
헐벗은 맨발의 사족이 장의차에 쓸려가며
햇볕 한쪽을 받아내고 있을 쯤
감각 끝에서 무작위로
문명의 핏꽃이 핀다

빈 마음에

담살이 얽힌 흙담 흩어진 세간살이
어린 날 이야기가 잡풀 가득
온기 없는 액자 초벽에 간신히 걸렸다
기약 없이 폐가로 늙어 가지만
고향은 사랑 같은 것
찾지 않아야 아름답다지만
고향 집은 오래 각인된 것
죄 지은 수인처럼 추녀 숙이고
횃대에 감긴 새끼줄
살강에 역할 다한 그릇 몇 개
감나무는 재 붉었다
뒷산 대나무 밭은 잔갱이 차지
뒷산 까치 목이 쇠어 운다
무너진 장미넝쿨
사금파리에 순희 석이 얼굴
파하면 둑을 내달리던 다람쥐
삐비꽃 먹고 종달새 알 헤집다 해 저문 날
반추하는 염소인 양 어린 날 떠오른다
은밀한 폐허의 곳간에 엔솔러지를 캐지만
저녁답 북살이 붉고

하릅송아지 어미 찾는다
버들가지 원심 도는 여울
물그림자에 내가 서 있다

산동네의 겨울

밤의 얼굴이 하얘진다

엽서처럼 치는 눈발

언덕길 넘어 진다

행인 없는 눈포래 길
꼭두새벽 어렴풋한 소리
생쥐도 추위에 떠는 한 겨울

다락밭* 씨 뿌려 겨울 볕에 조금 자라지만
흙담집 윗목엔 찬바람 색 묻어나
벽 그늘이 떨고 있다

꺾인 나이 무릎에 물어 보면
두고 온 맨 몸이
떨지 않은 날 없었던 것을
시나브로 그리다
눈꺼풀에 젖은 추억이 내리는데
짐수레에 기대어

어둡고 가려운 밤이 떨어진다

세숫물에 언 개밥바라기별이
떠는 다락방
손 내미는 집세
북에 둔 아내가 채근하는 소리

*다락밭: 계단밭을 의미하는 북한어.

플라타너스

보릿고개 넘던 호박잎 같은

프라타너스 너를 보면 생각이 난다 보리밥 싸 먹던 시절

더부살이 해질녘 한 소쿠리 호박잎 이고 오셔서

사남매가 허겁지겁 먹고 나면

수저를 드시던 어머니

프라타너스 옛길 신작로에

파랑새 홀씨 훨훨 날리면

비행기 태워 해외 여행 보내드릴 맘 이었지만

하늘 여행 부모님 생전 여비로 지불하셨지

피와 살 내어주고 빈 껍질 둥둥 떠서

바람에 실려 가셨지

매미만도 못한 나는

가로등 밑을 걷고 있네

가벼운 초승달

수식어 잠잠한 시간
물들은 모양을 바꾼다
눈물처럼 별 돋고
달의 적막에 외로운 가로등
왼눈썹 초승달이 우주를 받들고 건강하냐고 말 걸었다
어리둥절 꽃잎 지고
슬픔 끌어 모아도
초사흘 달은 미완이다
후회 하기도 전에
손바닥을 쥐었다 폈다 하루가 가고
각도가 잡히지 않는 등이 서쪽으로 한참 기운 것 같다
가까움이란 오래 머물지 않고
멀면 문득 그리운 꼬리
제 그림자에 시비 걸고 싶은 사람들이
초승달 밑을 걸어 간다
푸닥거리를 든 손이
하루치의 유통기한 속으로 사라진다
누구든 세 든 당신이라는 것을 알게 된 사람은
무거움의 정점
결핍을 앞둔 우울

만월이 임계점 인 줄 안다
아르테미스 초승달은
빌린 몸을 태우고 가벼운 꿈을 꾼다
별을 가까이서 볼 수 있게
잠자리의 밤 은하를 은빛 날개로 날아간다
꿈이 아침을 깨울 때까지
탈각하고 있는지 모른다

노점 어머니

노적가리에 쌓이는 비애

가슴에서 머리로 걷는 기억에
멍청하지 않는 것 있다면

5.18의 모습
분신의 환영
발바닥에 피의 문양

성인으로 다 키운 애 둘
연잎 같은 첫차에 매달려
금남로 총부리 속으로 사라진 후

기독병원 시체로 만난 자식
흰천을 들추니 죽어있었다

골수에 담고 갈 내 아이들
바구니 이고 손 잡혀
행상으로 키운 아들

장날
오일장 역사
그을린 소금 주럼 빰을 판다

오월이 맞다면 총구
앞 세워보라 너희 애를

내 눈 감겨도

거짓된 오월이 아니라면
아카시 향촉 터트리며 낮달 시위 '칼레'를 보아라.

제2부

불편한 사육

불편한 사육

줄 풀린 강아지가 흠흠거린다
향내를 맡는가 했더니 용변인가 보다
사료를 먹기까지 인변으로 키우던 개
사육하다가 사육되어버린 먹이의 변화
똘똘아 하고 불러보지만
외면하다가
뒤돌아보는 순간 줄에 묶이어
똥오줌도 맘대로 못하는 세상
끌려가며 뚝뚝 고군산열도처럼 떨어뜨린다
더러운 세상 흰소리 낑낑거린다
사람은 교육하지만 개 돼지는 사육된다는 말에
다스리기 보다 지켜달라는 저 눈
감정을 꼬리에 싣고
소리나 행동으로 의사소통할 뿐
정작 말 못하는 동물
짖으면 시끄럽다고 성대를 따버리는
주인의 당근과 회초리가 무서워
주인에게 삶과 죽음을 온전히 맡기고
쫓겨나면 갈 곳 없는 종족
어느 시골 토방 마루 밑이거나

아파트 거실에서 울렁이고 있을지 모른다
그들 소리에는 늑대처럼 달뜬 하늘 보며
울분이 내장된 울음통이 들어있다

봄밤이 익는다

짧은 봄밤

영암골 월출산 등성이 너머

달빛이 유리알처럼 굴러간다

물결 지나간 자리에 솔잎 물이 든다

밤 깊을수록 개울물 수런수런 크는 소리

순간

와르르 쏟아지는 모래 별 무리들

산벚꽃 잎이 몇 번 봄샘 바람에 뒤집혀지고서야

땅 위의 고요가 한 마장 사래를 펴고

봄바람결에 자운영 꽃잎이

구림마을 둑 너머 명자꽃을 부른다

먼 나라 날아온

아무르 소쩍새

어둠을 우는 봄밤이 익는다

비밀의 날개

놀라지 마요 비상은 오래된 꿈이야
깃털 같기도 하고 날개 같기도 한
그것이 깃발이라네
부동으로 고정 시키는 건 형벌과 같았어
꿈자리도 일탈을 바랐네
무겁거나 가볍지 않아야 된다네
진공에선 할 수 없어
공기 중으로 날마다 이륙을 반복해야 했어
숨 죽여 떨어지면
뼈대도 살도 초록도 증발하지
가벼워야 된다는 역설에 갇혔어
어깻죽지에 열 손가락을 살대로 펴서
훨훨 날아 가는 꿈을 꾸어 봐요
창공을 날 때 느끼는 짜릿함이란 상상 이상이야
사람도 나무의 푸른 정신인지 몰라
하늘을 꿈꾸는 것
많은 것이 사라져도 바람은 분다네
나무의 손가락이자 우듬지는 화살촉이지
푸른 치마를 펼친 하늘
뜨는 구름 주름

바위에 붙박혀 웃는
마애불은 또 어떻게 오를까
날아 보려는 마음들이 엉켜
나무나 나나 꿈자리가 둥둥 설레지
자꾸만 샘솟는 의문을 견디는 중이야
비밀이지만
날개는 날마다 자라고 있지

수국

미신의 눈이 푸른 꽃을 혐오해요
손을 편 푸른 물이 어머니 자궁을 생각해요
오랫동안 기다림과 우묵한 시달림으로
당신을 내 준 아침이 터져 흐르지 않나요
얻어 맞은 이마가 뾰족하고
찢긴 입술 피떡으로 들어서면
놀라서 다독이던 누가 있었죠
나는 산도를 탓하지 않아요
타인의 심상을 원망하지 않아요
편견과 갈증이 타던 장미의 여름이 지나면
끝 없이 물결치는 푸른 바다로 갈 거예요
물든 날을 즐길 거예요
어머니와 나, 바다와 하늘이 부둥켜 안고
젖어 붉히는 저녁을 물어 볼 거예요
지어 부신 꽃말로 때리지 말아요
자궁 안팎은 한 색으로 되어 있지 않더군요
푸른 색은 안되나요
꽃은 꼭 붉은 색 인가요
흔들리며 한철 비에 피는 화관
어떻게 생각할지 모르지만 즐거운 비명이죠

산방꽃 차례로 석태 낀 눈이 환해졌다면
불안한 오늘과 내일 그리고 또 내일의 머리에
멋진 핀을 꽂아 드리겠어요
어차피 당신과 나는 사랑으로 피고 연습도 없는
슬픔으로 져야 하니까요
이유가 있건 없건 장렬히 라고 말하고 싶어요

신가리 낚시터

플랑크톤이 자라지 않는다

간간히 주인이 발려 주는 사료를 다투며
흐르지도 유장하지도 않는
수조에 갇혀 수백의 친구와 홀쩍인다

사람의 그림자가 어른거리고
낚시바늘에 매달린 미끼가 허기를 건드린다

어린 것이 덥석 문다
삼키기도 전에 끌려 올라가
땅바닥에 한 생을 버린다

찔린 입이 꼬리말로 퍼덕인다
숨이 가쁜 아가미의 기막힌 주문이 헛돈다
모로 누워도
사료 값이 비싸 배고픔 만큼 주는 먹이
바람도 딱해 곁에 와서 물살 짓지 않는다

등을 뒤집고

주검이 되어 떠나는 은종이
탈출하기 미끼를 물어야 벗어날 수 있다
어젯밤 꿈이 어지럽다

사람의 놀이에 생사가 달린
물고기 수용소 비늘엔 매일 은색 노을이 지고
아무렇지도 않게 지나간다

신발에 대하여

말레이시아 피라고 상처낸 수피가 흘린 수액이
거친 파도 건너며 두근거렸다

지구 반 바퀴 돌아 전기 부도체로 태어날까
다른 무엇이 될까
신발로 나타났다

사흘 여드레 장날이면
뒷축 끌리기 다반사였지만
바닥 빗금이 닳도록 돈벌이를 주문하였다

이 장 저 시장 주머니 두둑해지면
내 밑창은 백지장이 드러났다

옆구리가 닳으면
헐겁고 물이 새는 서로의 자세는 건조 할 수밖에 없었다

고향은 지문과 같다
낯선 동족에 섞여 땡 처리될 때
떠나온 곳이 그립다

할일 다 할 때 인사로 건네는 미안한 웃음
돌아 서며 고개를 떨군다

일상이 된 신발, 신발을 만들며
일상이 없었던 사람들과 함께
마음 졸이던 걱정도 섞여서 헐값에 팔려 나간다

매화

불을 건너 왔다

물을 밟고 왔다

지심을 뚫고 왔다

고난 풍상

치열한 고행 끝에

헐벗은 부처 하나

출행하시는 새벽

무릎 꿇고

눈부처 두 손으로 받드는데

건너편 아파트 싸우는 소리

업는다는 것

따뜻하고 슬픈 일

무방비의 내 뒤쪽을 허락하는 일이다

믿고 다 내준다는 뜻이다

타자의 온 무게를 지고
그의 다리가 되어 대신 걸어주는 일이다

그의 가슴과 아랫도리의
숨결과 울음을 내 등으로 읽고 감당하는 일

그리하여 마주 안는 것보다
더 깊고 눈물겹게 한 몸이 되는 일이다

울음이 불룩한 무덤에 스며드는 것이다

연꽃밭 서호에서

어쩌면 섬이 아니라 어미 같은 우물이었다

여름내 후끈하던 소금쟁이 연꽃밭을

떠밀리지 않게 억척으로 막아서는

하늘 꺾인 새 아파트

물지게 나르던 길이 연못이 됐다

불 켜진 몇 동 몇 호 어미들이

물으며 찾아 가는

절뚝이는 풍경

봄 잔치

벚꽃 섬광

수유는 영원

서호

나들이

찬란한 마당

벚꽃 트럭

방치된 트럭 한 대
노병의 비석처럼 서 있다
마을사람들은 숨을 마감한 것 같다고 한다

며칠 동안의 폭우
꽃잎에 부딪히는 중력으로
생이별을 만들고
낙하하는 꽃잎이
꿈쩍도 하지 않는 그의 몸 곳곳에
파스를 붙여 주었다

바퀴의 그림자도
속도의 기억조차 잊은 듯
경계 없이 고요하다

벚꽃은 봄을 떠나는데
봄비에 주인 생각
고조곤한 트럭 흐린 눈에 낙수가 흐른다

적요한 공터에

속도를 버리고
낯선 형벌인 양
죄 지은 듯이 서 있다

섬
- 외이도外耳島

고래 물더미 치솟다가
실의에 무너지는 무망한 시지프스
달이 쓰는 신화가 모래밭에
질문지를 쓰다 지우다 무한 반복이다
섬은 고독을 찾아 떠난 시인
물이 받드는 고적한 모자에
수억 년 전 별빛이 쏟아진다
태곳적 울음 일까 휘파람 소리
별밤은 출렁출렁 자정의 문을 닫고
물베개의 꿈이 어화처럼 까무룩하다
밤길을 걷는 불빛 하나 바다를 밝히고
대웅전 인경과 달무리
늑골을 겨누며 우는 사이
내린 별들은 누구도 돌아가지 못했다
가지 못한 별들이 서리꽃을 피우고
바다로 간 별들은 부서져 노래가 되었다
궁금한 사람들도 모르는
나뭇꾼과 선녀의 나비 이야기
귀는 밖으로 뻗었지만

따개비 발목에 잠긴 비밀스런 몸뚱어리
출생이 기록된 내밀한 일기를
가끔은 펄럭이는 한 마리의 전설
낚시꾼이 무시로 낚아 가지만
비밀은 여전히 모래알로 구른다
바다는 미처 가보지 못한 섬
몸은 여기에 있고 저기서 반짝인다

팬터마임

지평선을 일어서는 우주의 거울
누구의 마음 저토록 빛날까

달빛에 이끌려 파도가 아귀 같이 출렁인다
달이 이끄는 뺨의 염원과 달리
역주행으로 달거리가 뜸해지고
열 마디를 쏟아내
현실로 드러나는 달의 신화
그녀의 몸은 열에 떠서 겉옷을 벗는다

짐승의 무언을 닮아 말을 버리지도
신의 침묵 가까이 언어를 던지지도 못하고
틈에 끼어 간구하는 말
훼손되지 않는 언어가 있을까
정수리에 정제된 말이 생성되거나 존재하는가
달무리에 방아 찧는 빛의 기호와 상징

줄지은 황혼의 가로등
물음표처럼 물구나무 서서
동굴은 하루를 접는다

밤낮의
침묵의 말은 시작이자 마지막 언어
말을 갖지 못한 짐승이 달 보고 컹컹 짖는다
뿌리 없는 바람은 굴곡 진 언덕을 더듬고 휘어진다

언어를 채집하는지
묶음에 든 나의 달
적막하고 환하다

한철이네요

날 것 한 마리
바람에 날개를 접히고 자세가 고정되었다

날카로운 예초기 소리
수군수군 고향 손을 소리가 잡을 건가

탈 것을 한 눈에 담을 수 있는 남향 11층
멀리 극락강에 산마루가 흘러 간다

저무는 저녁

베란다 방충망에 구멍이 났다
방충망 고쳐요 절반 값에 해 드려요
허기진 확성기 소리가 들린다

고개를 내밀고 불렀더니 쏜살같이 벨을 누른다

저기 저걸 해주세요 어디 말입니까

그리보니 구멍 난 게 아니라 매미입니다

한철이네요 괜찮습니다

뒷머리를 긁적이며
막걸리 반병을 부어 주었더니
매미에게 손을 흔들어 주기까지 했다

부실해 일어난 일
뒤돌아 보니 매미는 날아가고
멍든 노래만 남았다

한 집에 둘

지하에 목화 일층엔 장미 미장원
길냥이가 우는 외국인 촌이다

입가에 연기가 자욱한 무국경 지대
치열한 생존의 몸부림이 골목 곳곳에 스며있다

그만두겠다고 장미 농원을 들였지만
손님이 늘어 건물 주인 지병이 돋았다
목화밭을 재경작하겠다 일어섰지만
반년 기간이 남았다

오랜 방치 탓에 거뭇거뭇한 지하실
눅눅한 벽을 켜고 거풍시킨다
미장원 간판을 찾아 지하 입구에 내건다
무경우 한 일

한 건물에 두 미장원
의구심 가득 행인들이 갸웃거리며 지나간다
어리둥절한 지상의 새댁은 첫 영업장이다
머리를 말아도

영업을 참견하는가 하면 지키고 앉았다
피로가 손끝에서 이명처럼 몰린다
임차인의 하늘에 밧줄을 묶는다
시간을 뭉텅뭉텅 자르거나 붙여 주는 손
내리 받은 그녀의 황당한 얼굴이
수북한 머리칼의 시간들로 밟힌다
우즈베키스탄 거울속의 파란 눈은 맑음인데
기이한 하루가 저문다
심장이 역류하고 가위가 흔들리는 이색 풍경
긴장한 화분 천리향이 달래준다

기이한 평화 운주사

구름을 촉대 삼아 촛불을 켰어도
보는 것을 믿지 않는다
믿는 것을 보려 할 뿐이다

천불산 웅회암 터 돌부처 석탑들이 한 절 안에 꾸벅이고
운주사는 거반 소실되어 와불은 돌확에 누워 있다

소멸하는 눈 코 귀 입
시간과 대적해서 슬프지 않은 것은 아무 것도 없는가
소를 팔고 돌아가는 농부의 뒷모습처럼
흔적만 남기고 멀어지는 잔등

슬픔의 분지 운주사는 안개 속에 폐허가 덧칠되었다
뼈대만 남아서 사찰을 복원하였다지만
바람에 새 지주를 세워 놓은 고목의 수피만 하다

천년사찰지기 느릅나무 아래 출생불명의 창건을 추측할 뿐
늙은 스님의 합장 철렁하다
찾아 오는 이, 여인의 옷소매처럼 반기는 미완의 폐사지
천불 천탑의 뭉툭한 기억 속에

핍박 받던 민초들이 염원을 녹여 만들었다는 와불
여태까지 미동도 하지 않는 불상은
눈이 번쩍 뜨이는 미륵 세상을 고대하는 것일까

순례자에게 길을 내어주는 석불
적멸 경전의 갈피를 들추어 보면
눈 깜짝할 사이에 천년도 크샤나다

석가모니 불이 탱화로 펄럭이는
오래된 사지에서 나그네는 과객인가
모두가 이승의 반딧불이다

풀잎

밖에는 달

스스로 이름 지었다

매서운 겨울 규방 매화 피었다

거문고 소리에 밤도 겨웁다

시, 한 수 한 수 애장소리 옥수로 읊었다

마지막 떨어지는 잎새를 보며
아전 자식의 한을 안은 채 단명을 예감하였다

말이 마음이 되는 사람을 만나
머나 먼 경성 땅에 사랑을 보냈으리라

마음을 죄는 오십여 수의 시구가
천년 답안을 넘어 양반의 문장 보다 오래도록 남았다

홍매 백매 피었다 지고

매창공원 한켠에 시낭이 떨어져 짠하게 물들었다

가고 오고 피었다 지는 곳에
시가 이어 주는 한 잎 연서
사랑 보다 귀한 것이 어디에 있으랴

아쉽다, 다 펴지 못한 매화 봉오리는
풀잎 사랑 이슬 남기고 묘비 몇 개
시간 속에 남루하게 서서
풍우에 삭아 지워진다

양동사람들

버지아울프가 와인을 마신다
빵과 포도주를 받기위해 성대 앞에 꿇었다
어버이에게 와인을 올린 적이 있었을까
잔의 반을 마신 양동 사람들에게
반잔의 적포도주를 드린 적 있었나
경사진 좁은 골목길에 연한 열린 대문
연장자의 기침소리
나앉은 골목 햇볕에 지팡이들
태반이 60이상인 이곳에 아이울음소리 들리지 않는다
만나면 길을 서로 양보하고
새벽시장 발걸음 셔터 올리는 소리에
무등산 저 멀리 억새가 출렁이는 곳
해가 떠오르는 양동의 새벽

나는 그들의 행복과 건강을 기도한다
포도주를 준비 한다

제3부

낡은 의자에 대하여

낡은 의자에 대하여

바람이 가을을 색칠 한다
퇴락한 공원
먼 길 돌아온 바람이
먼지와 낙엽 몇 장 얹어 놓고
목책 뒤에서 잠투정하며
물푸레 가지를 흔든다
이빨 사이가 성긴 햇살이
노파의 소식을 밟고 갔는지
시나브로 오가는 청설모는 눈이 짓물었다
가망 없다는 말 아랑곳없이
불안하게 견뎌온 시간
고치기엔 삭아버린 회색 그늘에서
몸 부리고 싶은 날 있다
눈비 바람
거절하지 않고 내어 준 잔등
풀려가는 몸이 뿌리로 내려가
지심을 따라가는 것 같다
모이를 놓고 가는 노파
앞발을 비비며 합장하는 청솔모
지나온 기억을 떠안고

지상의 기록이 퇴색 되고 있다
사람들의 머리에 남은 잔상
잠 못드는 의자
주저앉아 앉은뱅이 꽃으로 핀다

바람바위를 걷는다
- 풍암호 둘렛길

내가 이 세상에 흐른다는 것
물비늘 시원한 호수 숨 쉰다는 것
둘레 왕복 십리 길 걷고 있다는 것은 행복한 일이다

사람과 물과 시간은 본래 흐르는 것이어서
흐르며 들숨 날숨 쉬어야 하는 물과 물속의 것과 물 밖의 것이
시간 속에 온전히 사는 길이라서
이곳에 오면 여느 물고기와 나무와 수초와 물과 새와 들짐승과
곤충과 사람의 해묵은 숨통과 나이테까지
싱싱한 새날로 채워 주는 게 아닐까

오늘도 지친 나는 호수에 비치는
꽃창포, 남천, 장미꽃 왕벚나무, 갯버들
억새, 가시연, 부처꽃, 니르바나를 간다
맹꽁이 연못을 지나 허기진 뱃구레는
이팝나무 하늘에 하얗게 차린 쌀밥 한술 뜨러간다

올해는 봄은 짧고 여름이 길다
계절이 느릿느릿 지나간다
훗날 서늘한 가을을 맞아 비단길 걸으며
후회 같은 생각을 하고 겨울이 오면
눈 내리는 일기장에 마른 갈대와
칼바람이 고개를 끄덕이며 철학을 얘기 하더라고 적을
것 같다

먼 길 가는 물길은 오리만 걸으세요 무리하지 마세요
풍암 호수 들려 준 말

바위 끝 하늘 아래 바람 친 그늘
어슬 해지기 전 무등에서 업혀온 돌
긴 긴 껴안음 같은 풍암호수 걷고 있다

백련지 얼룩거미

허공의 푸른 천에
거미줄 거미는 내가 나를 모르듯이
거미인 줄을 모른다

세찬 비바람이 몰아치면
연잎 구석에 웅크려 피신하는 팔족 절지동물
줄의 견고함으로
벼랑도 안전했다

동명 이생 부족
사만사천 종을 지상에 내걸어도 거미줄 하나로 꿰인다

비밀번호를 누르면 파씨 눈이 빛난다
가까우면 춥고 멀면 삭제 된다

공중 건축을 완성 기다림의 자세로
무명으로 사는데 짐이 없다

오늘 같이 비 오는 날에 후드득 후드득
장화를 씻자

진창에서 피워낸
연꽃의 화엄 사상을 모르는 거미도

백련지 손바닥에 베틀을 놓고
날실로 한 세상을 건너고 있다

서창나루는 강의 아이 뒤채며 영산강으로 흐른다

강물의 파편 속에 몸짓이 지나간다
오래 가는 건 무얼까
참는 것도 견뎌 내는 것도 지나면 한 순간이다
개방음에 족쇄를 채워 강물에 띄워 보내고
지난 서정 조용히 묻어 둔 서창 들녘에
가야금 산조 하얗게 술렁인다
물린 기억들이
용신을 뒤틀며 강물 위로 솟구치는 역린
하늘의 투명한 그림자 강물로 손 넣어
시간의 아니리를 풀어낸다
남도창 제 길을 잃고
옷에 묻은 한, 안으로 안으로 삭히는데
고을의 들보와 곳집의 잠쇠 마저 빼앗겨
돛대 끝에 몸부림 하며 끌려간 당신은 누구더러 말할까
굴곡 진 시간 쌓이고 눌린 지난 생의 격정은
풍우에 씻겨 가느다란 강안이 되었는가
이어진 삼백사십 리 물의 척추 끝 마디
등 굽은 강의 영혼 씻김 진설 하려는 지
억새꽃 무리 뜨는 서창나루

오백 년 전에 태어나 강의 젖을 물리던 아이
여직 찾지 못한 채
극락사 게송 바람 티끌로 풍화되고
버선 서늘한 맨발로
한 가위 환한 여인네가 작둣날 같은
샛강에 나와 말갛게 헹구고 있었다
거꾸로 가는 시간 입 닫은 채

빈 깡통을 들고 유통 기한을 보는 습관이 있다, 나를 보는 것처럼

만나서 사과를 낳을 때까지
부싯돌이 거의 필요 없었다

이른 아침을 준비하는 그녀의 하루가 어깨를 짚는다
새벽 같이 당신이 측은해지기 시작했다
문득 상련으로 느낀 나는 사랑의 확장이지 싶었다

마켓에 들러 먹거리를 고르고 유통기한을 보더니
소모품이 아닌 사랑은 아니라고 웃었다
그 후로 유통기한을 확인해보는 습관이 생겼다

먹고 남은 빈 깡통
내가 나를 보는 것처럼 바람에 휜소리가 난다
어느 날 밥상을 물리지 못하고
별똥별 꼬리를 절단하는 날이
오늘이라면 유통기한이 끝났다고
붉은 사선을 그을 것이다

깡그리 백지로 돌릴 수 없는 일생

사라지면 족적 같은 것을 남기기 마련
결혼식장의 기쁨과 장례식장의 슬픔이
유통기한의 증표라는 걸 알게 된 건 최근
호스피스 병동에서다
기쁜 날 슬픈 날 기억할 수 있는
두 개의 눈에 눈물을 주고
얼룩진 일들이 역으로 풀린다

오래된 울음은 슬프고도 숭고한 양식이라서
영원한 것 하나 쯤 없다는 말인가
사물로 돌아 가는 나는 유통기한을 배반하고 싶어진다

시간을 만지다

시간이 레일 위로 사라진다
저항하지 못하는 뿌리가 되어

어스름에 감추고 싶은 속내가 치기로 드러난다
조금씩 흔들리는 것은 날빛이 분광하는 지느러미
촘촘한 모공을 뚫고 나온다
번지는 전율의 근원을 내성도 견딜 수 없나
마감을 앞 둔 까치놀이 검붉다
차분히 송출 해야 하는 여생을 담보하고
잘 익은 땅거미에 하루를 울먹인다

뿌리에서 우듬지로 내뿜고 있는 외눈박이
네모진 달빛이 구름을 떼밀고
하얀 산갈기를 내려다 본다
불회귀선 링거에 기력을 보충하지만
끝에서 들려오는 가느다란 현의 살떨림
바람결에 비가로 온다

안개꽃 어금지 거금지 속에 노란 후리지아 실리는데
혈연도 입맛 다시는 육지의 섬

깡마른 북어 같이 상실한 눈을 던지며
실낱 같은 날을 지워 가는 사람들이 산다
남는 것은 묵주에 매달린 영혼 단지 하나

고독한 요양원

어느 탐험가의 죽음

전족이 싫어 내게로 온 당신
앙증맞은 발이 자라서 큰 발이 되었다

작은 발에 넉넉한 신발을 신겼더니
이 삼 오 영 문수를 더해보니
백년 같이 살겠다고 뛸 듯이 좋아 했다

아프리카 탐험대 몇 해
마사이족처럼 맨발로 누비며
까마득한 나무 우듬지 까지 오른다

맘먹으면 저기류로 깔린 구름의 층계를 밟을 수도 있다
이제 발바닥 덧께 살이 붙은 발
족문도 문수도 아픔도 없는 나는
생의 여정 무한대 일까

그녀와 마주 보며 볼이 메져라 웃었다

어느 날 돌연히
신발을 머리맡에 가지런히 둔 채 그녀가 죽었다

데리고 왔던 백구가 나와 그녀를 번갈아 보며 애도했다
슬픔을 견디지 못해 백구의 눈알이 벌겋다
마루에 놓인 신발 위로 떨어지는 눈물

얼마 후 탐험가도 죽어
아프리카 숲정이로 묻혔다
우연히 만나 필연으로 사망했다라고 씌어 있다
묘비 곁에 주인 없는 애견이 굶은 채 죽었다.

새벽 바다
- 친구의 어록에서

붉은 하늘과 맞닿은 새벽
바다의 고요를 안아본다

그 고요속에서 누구보다 먼저 깬 실바람이
정원의 어린 숨을 깨운다

그 고요가 좀처럼 흔들리지 않는다

구름도 발뒤꿈치를 들고 있고
바다의 고요가 키운 빛깔도
으스대지 않고 채도를 낮춘다

고요를 깨우지 않기 위해
사는 이들의 자세를 배우는 시간이다

오래오래 해변을 따라 걷다보면
그렇게 나이든 나도 크는 것 같다

웰다잉

배신한 웰빙은 주관적이에요
착점이 분산되거나 계획이 삐끗하는 걸 반복하면서
원하는 것은 갈피에 놔두죠
깊어가는 주름 따뜻한 피가 서로 엉키며
탱탱한 질감의 굳은살 공이가 깊어져요
같은 시간에 반복되는 나는 점점 구석을 닮아가고
심장에 가까울수록 사랑은 없어요
기도와 기억으로 썩인 감정들은 서로를 정리중이죠
미안해, 고마워 잘 관리하는 식물마다
겉도는 억양에선 통증이 묻어나고
종종 자는 척을 하는 떫은 말의 엄마를 뱉어내요
맨 얼굴을 들켜버린 약점을 너라 부르는
나의 걱정은 우화중인가 봐요
참 엄마는 나를 뱉어내고 나는 엄마를 뱉어내면서
일상처럼 눈물없이도 잘 꺾이거든요
웰다잉 웰빙은 맞닿아 있는 것 같아요
나가서 옥수수밭에 들풀을 보실까요
웰빙과 웰다잉을 위해 살아요

바람이 한 쪽으로 분다
- 소록도

세뇨리타
미라보 다리 아래 세느강이 흐르지요
오작교 은하가 출렁거리고
목측 교각 붙들고 수탄강이 우네요

어리한 아이 바람 등지고
어미 아비는 풍진 맞바람에 섰네요
핏덩이로 건네 저 분이다 저 아이다 알까요
핏줄의 본능이 찾아 가네요

세뇨리타
거룩한 간호 수녀 마리안느, 마가렛 소식 들으셨나요
도나우 강변 노거수로 계시 나요
스스로 헌납한 젊은 사십 년 바치고도 담아 간다는 말
여운이 남았어요

천형으로 격리된 섬
문둥이라 생살로 거세한 단종대를 지나
사슴과 사슴 다리 놓아 손길이 오가는 데

구라탑에 새긴 한센병 언젠가는 낫는다 믿겠어요

세뇨리타
당신은 스페인 사람
머리에 장식 핀 들에 핀 달개비꽃
장미 꽃 정원에 눈부시겠지만
통한의 수탄강에 가서 눈물꽃 보셨나요

바람은 기다림이 아니다

나를 지우는 달력 앞에서
달력을 넘길 때마다
낱장의 무게가 일으키는 기척이
부질없는 한숨을 자아내게 한다
과잉된 한잔이 화학 작용을 하는 건
아직은 바람이 남았다는 말일까
넘치는 잔으로 호명하고자 한다면
다리를 믿기 때문일까
과거의 눈금으로 지금의 저울추를
재단한다면 마음을 버리게 된다
새털 같은 바람이 우듬지처럼 날린다
물레방아 수차에서
백화 되는 무지개의 허밍을 보면서
욕망은 불타지만
다 오를 수 없는 현생
몇 조각 연시聯詩일 수밖에 없을 것
예정 없는 예정
커튼 콜 앞에서 할 수 있는 말
박제 보다 허전하고 값진 무늬
악수는 식지만 결별은 쇳물 보다 뜨거울 것 같다

벼랑 새

소낙비에 구겨지기도 했을
이 빠진 해오라기 걷게 되면서 비 맞고 섰다
우장 입은 죽지에 휘어진 등
퇴화된 깃털 비옷이 말려내는 지
골판지 같은 노인의 몸이 휘청거린다
모질게 끌던 폐지 카트를 멈추고
허리를 곧게 세워 보지만
강대나무 꺾이는 소리에 되감기는 삭신
바닥의 결핍을 안을 것처럼 지하로 접히는 데
돌틈 물불 개의치 않고 민들레 꽃씨
길을 내고 날린다
목관 치수에 몸피 맞추어
능소화 담벼락에 닿고 허물어진다
한 세상 견디다가 하늘 새로 돌아간다면
수리의 몸 둘레에서 완관 될 것 같은
티벳 벼랑 새의 후손
마른 입술 가만한 울림
말을 짓기 전에 소리로
흩어 잡을 수 없는 말
이 세상 다가가서 최후를 말하라면
선몽은 더 이상 묻지 않기로 했다

쇄루우 灑淚雨

신혼의 달콤함은 일마저 잊게 했다

견우직녀
수만 광년 천억 개의 은하를 건너
동 서쪽으로 갈라놓은 맘이 해무로 뜬다

이튿날 이별의 눈물
붉은 새벽 비 내린다

먼 종소리 일 년 그리움이 눈가에 매달려
달 선이 차오른다

붙잡고 만류하던 아내를
함경도 산골에 앉히고 내려 온
남정네 못이 박힌다

밀월이 딛고 간 뒤
까맣던 등이 허연 까마귀 기진맥진 쓰러진다

북두칠성 눈 맞추며 들풀 가고

들꽃이나 날짐승 두만강 넘는 새 떼

못하는 사람들
날마다 의심 하네
데려 온다는 말 백비를 탁본하면 뭐해

철책의 낭비를 털고

일 년 기다려도 매우쳐 가고 싶은 마음
암각화 보다 쓰리고 깊다

박의 함수函數

초등 삼 학년
왕호박과 헤어지고 이십 년 지났다

밥벌이로 상경한 창신동
다락촌에 월세를 잡았다
비 오면 낙숫물이 비탈진 도로를 달렸다
하루는 근처 동대문 시장을 기웃거렸다
가위 치는 쇳소리에 행인들과 길가로 비켜난 나는 소스라쳤다
각설이 분장에도 눈매 만은 호박이 분명했다

호박엿 반을 사겠다고 했더니
단골 고객이 있어 안됩니더
내 귀에 대고 야 인마 나를 놀릴라꼬 여기까지 왔제
할 말 있음 파장에 저 포장 마차로 오거래이

어려보이는 새댁과 포장마차 주인이었다
아들이 벌써 초등학교 삼 학년이라고 했다
저 건너 아파트에 안집이 있단다
소주 두 병을 둘이 마시고 돈짝만 할 때

내게 물정 모르는 놈 제대로 직장도 몬 잡았어
장가도 몬 갔어 에라 또라이 새끼 풋수박 같다고 했다

지난 날 입힌 상처가 생을 바꿔버린 친구

미처 사과도 못하고 돌아오는 내내
상처 난 짐승처럼 비틀거리며 고개를 올랐다
가시 돋친 별들
산등성이에서 머리 위로 송곳처럼 내려 박혔다

달에게로 간 타이어

선창이 벼랑 끝에서 울고 있다

뱃머리가 선착장에 들어설 때
배의 옆구리가 맞대 일 때
낡은 자신의 몸을 던져
충돌을 막아내는 건 몇 켤레의 둥근 고무신이다

몸에 부딪힐 때마다 움찔 움찔 쏟아낸
통증의 눈물이 바다를 적실 것 같은
그때마다 바닷새도 놀라서 날개를 비껴 갔을
항구는 늘 기쁜 것과 힘든 것
아픈 것과 슬픈 것이 한데 엉켜 짠물이 되었다

목메 있는 건 뱃사람들의 억센 소리 뿐만 아니라
주인 잃은 아낙과 떨어진 신발
몇 켤레의 눈물이 개맷꽃으로 피어
선착장은 들고 나는 물때와
크고 작은 배들로 퍼렇게 출렁거렸다

은퇴한 타이어가 경호를 서고

조금 때엔 울컥이는 바다 마을
등대처럼 부풀어 쓸쓸해 보이는 저녁
간기 머금은 그을린 얼굴로
어쩌지 못한 말은 꺼지는 거품으로 날리고
고깃배를 기다리는 갈매기도 바위 끝에 앉아
항구 밖 뱃길을 보고 있다

항아가 굽는
타이어의 그림자
둥글었다 길쭉해졌다가 맨발로 달을 따라 나선다

염소 등에 앉은 점모시나비

태초의 약속처럼
고적한 달

염소 한 마리
치받는 하늘
달리다 갇혀
적막강산에 혼자 말 주고 받는
신도 기척도 묘연한 아라비아

이름도 까먹고

성난 뿔도 자라지 않는
몇 광년 쯤 무망한 사막

붉은점모시나비 염소 등에 앉아
구릉 넘고 오체를 굴려
습한 풀꽃을 흠흠 염탐하는 오래된 샤두프

묻고 갈 대상도 기댈 곳도 없는
막막한 열사의 모래 벌판

뭇별은 있되 분절이 되어
경계도 향방도 아리숭한

살아 있는 무명
꿈자리가 어지럽다

할미꽃

네 칸 겹집 "나중복"걸린 대문
아들 객사하여 담쟁이도 시들고
기적 지나면 눈물 스몄다

삼백 수 닭 놓던 뒷산에
살쾡이 오소리 쓸고 가도
검둥이는 무서움만 짖을 뿐
풀섶에 깃 날고 한숨이 깊었다

추억처럼 삼계탕 복날이면 잘 나가던 중복씨
중복날 배산 수목장 골분으로 누웠다

찜통더위 식겁 걸린 중복
이승 저승 한뼘 문전에서
뻐꾹성 닭 벼슬 꽃 피었다

모친인 듯 사무친 지팡이
강물 젖어
거북등 정수리가 구부러진다

즈드랏둬티

이웃에 세든 우즈베키스탄 사람과 인사한다
즈드랏둬티 안녕하십니까
딸인 듯한 아이가 깔깔 웃는다
바보 같은 아저씨라고 서슴없이 말한다
은근히 화가난 나는 안녕하십니까를 시켰다
'아니옹 하심까' 혀끝이 제 나라 말에 굳어 버렸을까
너도 바보 나도 바보 했더니 '아저씨가 바보야'
입을 삐죽거리더니 무엇이 그리 슬픈지
울어버리는게 아닌가
고향 그리워 여우가 울었는데
어린 저에게 슬픔이 고여 있었나 보다
엄마 손잡고 총총히 사라지는 뒷모습 보며
고향을 떠나온 파초야
너의 푸른 눈썹이 눈물 소매인 줄 알겠다

제4부

쓸쓸하고 씁쓸한 것

쓸쓸하고 씁쓸한 것

살 만하다 맛이 들었다 하면
거두어 가네
수확이 없는 가을은 헛일이겠지만
넓고 높은 하늘 아래
혼자라면 쓸쓸해지지 않고 배길 수 있을까
나뭇잎을 떨구는 계절이면 외로워
떼 지어 날아가는 하늘 기러기를 보면
입맛 씁쓸하고 괜히 슬퍼지지
알고 보면 쓸쓸한 건 나의 속이
여무는 신호야
사는 게 힘들고 씁쓸하다 해도
비빌 언덕 같은 것은 있을 거라
여럿 속에 혼자 견디는 건
단단해지기 위한 수련이겠지
달콤할 무렵 생이 추락하고
즐거우면 정점이 오는 것 순리일까
'함께'라는 말은 나약한 말
쓸쓸하고 씁쓸한 것은 홀로서도 건강한 것
그늘을 만드는 일은 더불어 할 일이지
희망은 아지랑이 절망은 폭포였어

해도 달도 견디기에 둥글어지는 것 같아
너도 나도 모질게 견디어야 하겠네
익어 간다는 말보다 더 앞서는 건
'쓸'이라는 단어
삶이 바늘 구멍 같다느니 별거 없다느니
떫디 떫은 말 씁쓸해서 하는 이 말
그러나 한편 이면에는 그리움 같은 것이
담긴 말일지도 몰라

아! 참 이런 씁쓸

아웃사이더

나는 나로부터 너무 멀리 왔다
시인과 부인이 뒤섞이고
변명과 진실이 엉키듯
당도한 이곳이 담벼락이다

지금 내 가슴을 열어 보면
대장간의 녹슨 칼과
태양의 검붉은 심장
갈피가 접어진 몇 권의 책이 있다

여기서 나는
차갑고 불안한 불꽃의 책을 읽었다

너무 짧거나 긴 생애를

가당찮은 우연의 목록을 뒤적여 보면
엇갈린 사랑의 어이 없는 이별
검은 상처의 엘러지가
질척거리는 길바닥을 떠나지 않는다

도무지 믿어지지 않는 세월의 지붕 아래
회오리치듯 뻗어 기는 감꽃들
철따라 익어가는 붉은 열매들

이제 내 가슴을 열어 보면
땡볕의 돌멩이와
발을 헛디딘 흙구덩이
무너진 새 둥우리

새의 날갯죽지 같은 게 흩어져 있다
품었던 새들의 안온함이 하늘을 업고 떠오른다

가시 장미

장미, 가시가 없다
실은 그것은 꽃의 계단이다
그녀가 오를 수 있는 삼각형 침식 층계를 놓아서
끝 자리에 화분을 매단다
그 가시는 매운 생의 옹이다
잎이 성하면 꽃을 피워 낼 수 없는 거라서
줄기와 잎을 털어 낸 자리다
떼려면 망설이다 질린 낯빛으로 저를 내어준다
꽂아 주면 실뿌리가 돋아나는 신비함
생명을 예비한다
본향을 레오날도다빈치 로잔나 신데렐라 마리아칼라스
모파상 같은 명표를 달았다
그럴싸한 색과 모양, 멋과 개성이 또렷한
아가씨의 머플러 마냥 향기가 솟는다
천 송이 꽃으로 몇 그램의 향수를 만들고
귀족 왕족 부호가 아니어서
바르지 못했지만
눈먼 나는 무지개 구름으로 뜨는 장미의 얘기를 듣는다
면류관으로 위장한 가시 방패를 달고
호란한 거리에 향수를 뿌리는 그녀

단검 있으나 좀체 쓰지 않은 목마가리
그녀를 기억한다
장미 이름을 가진 그녀
장미하고 불러 주면 가장 좋아 했던 그녀
지금은 창문에 불이 꺼지고 없다
사라진 그녀와 나눈 미소
체향으로 남아 있다

간이역 젖는 이유는 무엇일까

겨드랑이에 찬바람이 파고 든다
무릎이 닳았다
털 빠진 기관지처럼 추억을 걸러내지 못한다
플랫폼의 발자국이 성기고
몇몇 젊은 손이 다리를 놓고 망치를 챙겨 가지만
내려간 차단기에는 아이나 노인의 그림자가 듬성듬성 보일 뿐
간이역은 처마에 걸린 무다발처럼 바람을 말린다
고속 열차가 멈춤도 없이 벼락 칠 때
내 이마를 긋고 가는 온몸의 진동
마중 나온 달은 감나무 가지에 놀란 얼굴을 숨긴다
바람은 늘 기대를 몰고 와서
종횡으로 이어지고
철길 쫓다 속도에 기함하는 풀이파리
무명 옷 입던 사람들
바구니 아낙이 깊다
이웃은 연꽃 씨방처럼 비워둔 채
팔각정에 모인 낡은 지팡이들
보따리 헐거운 과거를 색칠하며
00댁 00양반 손짓할 것 같은

회억은 뇌리에 교차로마저 지울 수 없어
침목을 두드리며 간다
건널목에 꽂힌 깃발은 옛 파시를 부르고
창문에 퇴색된 프랑카드
객쩍은 인삿말이 쓸쓸하게 펄럭인다
영산강변 배꽃 환한 산모롱이를 돌아가는
철길에 서면 공연히 눈물을 불러오는 것은
그리움 신경줄로 철길을 만들었기 때문 아닐까
햇노을을 들어 올리는 통근 열차에
산비둘기 늙은 새댁이 가슴 두근거리는 몽탄역
여물 꺼낸 워낭 소 마냥
시간 되새긴다

구멍 난 돌이 무슨 말할까

제주에는
상군 돌이 울을 지키지
미라 같은 검붉은 몸은 주검에 불과하지만
불화산이 토해 놓은 그건 크고 작은 화첩이어서
저마다 전설을 부풀리거나 노랑 나비가 날아다니는
유곽이기도 하지
태풍과 파도를 통째로 안고
나뒹구는 들숨 날숨의 생채기
불과 물과 바람에 기대어 먹가슴을 게워내고
자식들을 뭍으로 보낸
갯가의 돌은 늘 슬픔에 젖어 있어
태초에 바다가 융기하거나
불구덩이에서 녹아내린 몸뚱이는
과수댁 문밖에 돌하르방으로 파수 하지
그리움에 못 견뎌 무너질 때 돌은 와르르 깨어나
선사로 돌아가지
오목하게 패인 돌가슴
유장하고 크신 어버이
나는 매번 고꾸라져 어깨를 들썩일 뿐인데
돌부리에 채이거나 울로 박힌 받침돌

조그만 돌까지도 범상치 않는
망치로도 깨울 수 없는 영혼
허파 꽈리에 잠긴 말이 거문 오름에 쌓여
물에서 돌로 간 죽은 뼈가
귀신을 부르는 것인지
구멍은 호오이 호오이 흰 파도 옷고름처럼
말이 없는 시간을 건너가며 울고 있어
제주祭酒 빠뜨린 돌가슴 형용할 수 없는 후회
식어갈 일만 남은 저물녘
카페리호 선미船尾까지
붙잡는 그늘을 놓았지

통증의 귀
- 백석산 마을 이야기

발끝에 차이는 아픔들이
푸른 고기 떼로 몰려가는 정오
복가네 식당 건너 아스팔트 곤히 잠든 그들
세숫대야 같은 얼굴에 스란치마가 선명하다

날이 갈수록 공해에 기진한 것인지
낮술이라도 마셨을까
햇살이 정수리를 찌르는 도로가에
마른 귀 세우고 온몸 붉게 물들었다
폭력에 시달려 덧난 상처
면상 모서리가 군데군데 패였다

'나 사는 것 상처뿐이야' 삶은 상처와 동의어라는 걸까
삶에 중심 잃은 사람들
느리게 살기 어려운 공간에서
어느 누구를 탓해야 할까 질서는 기록되었다

완강히 평발로 버티며 주차 금지 경고문 붙이고
휴가 없는 벌집에 별 그림자 섰다

목이 꺾여 울컥해도 화 내지 않고
이심전심 인연 맺은 그들 외로움은 없는 거라고
눈물 같은 침묵으로 일관하는 동자승 같다

독한 외로움과 통증을 이겨내야만
영롱한 사리는 영근다
살 평생 사람들을 위해 기울이는
주전자 같은 산 그림자 어둑발이 불빛을 먹는다
공중으로 툭 뱉아 버린 씨 달
일그러졌다가 다시 귀 세우는 그들을 일으켜
백석산 마을 출항을 알린다.

고려인

충만의 기억이 멀다
영혼에도 결핍 있다 보름달 만 야망이 아니다
절망이 바닥을 치고 살 붙이려면 떠나야 하는 이방인들
거미줄도 동아줄로 얽힌 날 있다

상생의 경계로 다가서는 불안한 한 끼
간절한 틈새에서 영글지만
때때로 매지구름 막아서 유목이 어렵다

공단을 매개로 뭉쳐 고려인이
이루어 가는 신기루의 고비사막
먼 길 외로움
군상을 이루어 낙타 고삐를 팽팽히 당긴다

고국에 두고 온 너의 별 나의 별 중에
작아도 밝은 길 내며간다

모래 밥이 씹힐 때 밥은 달았다
시린 간극 바람벽에 웅크리고
한뎃잠에도 가슴 덥던

그들에게 궂은 일 생생한 사투요 힘든 노역이다

기저산업, 섬과 섬을 잇는 연도교
노동의 빈 화덕에 가로등 환해진다
별 헤며 신산한 시간을 다지고 있다

마로니에 프렌즈
- 죽어서 사는 사람들

문득 잘못 살고 있다는 느낌
가을의 마음
숲과 부엽토 색을 잃고
아기 손 단풍이 기러기와 멀어진다
생몰 연대 새긴 돌계단에 서린 이끼
안내판에 고난의 내력이 물방울로 흐른다
둘레 비석 앉힌 풀 무덤
쫓기던 시신 십여 구가 누워 하늘을 올려다본다
더 내려갈 곳이 없는 낮은 곳
몸 빌린 부모와 뛰놀던 자작나무 길을 떠나와
타국도 하나라며
그들의 성공은 사랑으로 지은 섬김이다
청동 경첩 퍼름한 선교사의 유적이
습한 건물들 사이로
호랑가시나무 빨간 열매가 보습처럼 빛나는데
오솔길을 잃었다
허공에 뜬 구름 허방
마음은 쇠공이처럼 무겁다
나지막한 남천 아래 검은 고양이의 두 눈

선교사가 죽어서 사는 양림동의 서사
가만히 내게 나를 묻는다
파비앙에 천착했던 마음마저 내려놓고
길을 돌아가기엔 멀리 와버린
바르게 실패한 임차인의 가방을 맨
어스름이 등 떠미는 저녁
눈물 같은 별빛 속으로
선교사의 마을이
내 옹졸한 마음속에 가을 하늘을 남기고
노을 화선지에 찰나와 영원이 잠든다

각도가 없는 나무

추위에 팔을 내민다
목련처럼 뾰족한 손가락을 펼친다
세상의 모든 푸접을 내려놓고
눈물로 견디고 있는 나무들이 있어
오늘 당신과 내가 여기 있다

전망이 어두워서
어떻게 살아야 할 지
두 손은 허공에서 겸손해진다
의식이 없는 목어처럼 당신의 이마를 스친다

보지 않아도 되는 세상은 있으므로
이제 나는 눈없는 심해어로 살거나 죽거나
곁에 있고 싶은 것일 뿐
상처 가득한 절벽이 환해 질 때까지

바람을 비끼면서

어떤 기척도 희미해 진 지금
화촉이 발목에서 설레이는 건

마치 전생과 같아
환유의 나날들을 손꼽아본다

처음을 보며
모듬발 딛은 우듬지
깎아지른 암벽에
나이테를 굴리며 발뒤꿈치를 든다

지하 주차장

박제된 자웅동체
비탈길에서 헛바퀴 돈다
지구 반대편이 어둡다
파라고 나무와 석회석 돌가루가 흩날린다

가만 보면 흡입 압축 배기 폭발
길 가는 이들의 신산함이 배어 있다
저무는 하루의 침상에 열매와 가시의 이면이 자란다
화문석 모양의 화석들이
이곳 어디에 오랜 서사시로 박혀 있음직도 하다
지하 사슬에 미동도 없던 영혼들
빛이 들자 하나 둘 미지의 꿈에서 풀려나
박쥐가 신호음을 낼 것 같다

콘크리트 덮이지 않는 시간이
벽과 천정 구석진 곳곳에 흐르고 있다
뼈없는 영혼만 비대해진
바람 앞에 돌속 입맥이 바스락거린다
생기가 돌면서 자라난 뱃속의 허기

언젠가 화석들의 시간을 등의 무게로
깜깜한 동굴 속을 살피고 있던 저 혐의
비문처럼 닫혀 있던 동공이 조금씩 열린다
출구 없는 지하의 모빌리티
아직은 살아 생전을 꿈꾸고 있다

풀이 꺾이면

내게도 보이지 않는 풀이 있다네

몸에 난 털머위가 아니네

산 아래턱 허물린 땡볕에
마사토 풀이 아니네

다른 풀씨가 날아와도 그대로네
아내가 책 좀 정리하세요
잦은 성화에도 대꾸하지 않네

밖에 나가서도 무척 말수가 줄었네

소리를 머금어도
풀이 죽네
입술에 끈끈이 닥풀
아랫입술을 다무네

다시 산다면 풀처럼 뿌리 내려 살고 싶네
잡초는 들어내도 살 듯

여러 번 쓰러 지겠네

해와 달이 달려도
내 마음 원고지에
말하고 싶은 보이지 않는 풀 하나 있다네

알레르기 빗방울

기상대를 관상대로 부른 적 있다
하늘의 관상을 보는 거네
지금은 기상청이라고 하지만
불안해서 이름을 바꿨을 거야

확정적 편향이 아니라 확률적 예보랄까
날잡은 이삿날처럼 그럴 가능성이 있다가 답인 거지
데이터를 믿지만 그것은 바람과 구름이 할 일이지
그런 날의 꿈은 그림자 대신 검은 밀랍을 품고 다니는지
날씨의 심장이 뚝뚝 떨어져 나가네

화려한 상처의 봄은
꽃가루와 봄 시샘으로 피부 두드러기가 가려워
아담과 이브의 손사래 때문이라고 생각할까

부정할수록 심해지는 연유를 모르겠어
얼어붙은 땅을 빛 정수리로 옮겨 익사 시키거나
겨울에 동사하길 바랐어

긁힌 맨살을 드러내고 손바닥으로 긁으면

더 쑤시지만 그 쾌감은 참을 수 없어
보상인 듯 시린 살 부스러기
내 분신의 조각처럼 미아가 되길 바라지

빗방울은 가려움의 알레르기를 몰고
차라리 밤의 부재로 쓸려 갔으면 좋겠어
진통의 밤 꽃이 울지 않도록
알레르기와 빗방울을 캡튜브에 분리해
방울 속에서 잠들 거야
내 그림자를 잃으면 안돼
존재도 의미도 사라져버리니

어제의 다리가 되어

촉수를 내미는 담쟁이 넝쿨
여러 손가락이 직각의 담장을 지나
하늘을 수소문 한다

날 것 같은 마음에
겨드랑이 이끼 돋아

지팡이 놓고 유모차를 민다
길목 백일홍 내 뺨을 긋는다

몸을 받쳐주던 무릎
보습 같은 유모차에 기댈 때
달 뒤편 무젖은 가슴
손등 훔친다

제도의 습속에 갇힌 여자
정으로 쪼아 내면 석분 새 한 마리
빈 조롱을 열어도 잠시 날개만 퍼덕일 뿐
날지 못한다

내가 돌아온 날
마음에 두고 멀리 떠나버린 시간
햇볕도 쓸쓸해 공허한 방을 서성인다
땅을 딛는 것만으로 다행하다고 믿는 새

깃털이 부서졌다

오동도

섬 이었다가 아니었다가

일 년에 세 번 동백꽃 핀다
봉오리에 한번, 떨어져 한번, 가슴에 한번
십일 월부터 이듬해 삼사 월 까지 각혈한다

바닷바람에 씻겨서 울대로 치솟는 핏덩이
시누대 후박나무 보리수나무
종려나무 도토리나무 쥐똥나무
광나무 털머위 결곡한 만류에도
향기도 전에 뛰어내리는 동백의 생리

등대는 주야로 눈 떴으나 오동나무 반다지 소식 없고
빨갛게 목젖이 부은 피라칸타
뱃머리 멀어진 박각새 부른다

새끼들 올망졸망 커 가는데
바람보다 먼저 오는 서러움에 목젖까지 찢겼다

곁에 선 산다화 한 잎씩 핏물 내린다

흰 동백 수심에 고개 숙이고
봄 되어 산벚꽃 수정하는데
오오 동백섬에 와서 기다리는 임은 오지 않고
동백의 무리 지은 낙화 쪽빛 슬픔만 남아
눈동자 핏물 들었네.

잠 속의 잠

안개 둘러친 산 능선이
가까이 멀리 물결처럼 흐른다

엷게 짙게
수채화 여러 폭이 그리움을 당겨 놓는다

산이 산을 업고
산이 산에 기댄 오랜 세월

까치도 앉지 않고 바람도 아껴 부는
이젠 아파도 편치 않는 의자가
베란다 한 쪽에 쓸려
내 이마의 시간을 읽는다

저 산이 내 품에 안긴 건
이태 전 열차가 떠나 갔기 때문이다

오늘의 물가를 지나 산까치의 지팡이를 짚은
숲길에 피어난 꽃
하나의 감정으로 얼비치던 그 꽃잎

떨어진 약속을 주워 밑돌에 얹었다

업힐 때 당신이 기댄 어깨가
옷장 사방 벽으로 쓸쓸하게 번지는 산과 바위와 꽃
슬픔 보다 먼저 걸린 액자
현실인 듯 차디찬 유리창을 어루만지다가
울지도 웃지도 못하고
이불을 둘러 쓰는
휴일의 잠
폰도 귀에서 멀어지는 꿈속에 산이 있다

위험危險한 손
- 정선 아리랑

정선 아우라지 휘어진 척추
가을이 가는 풍경은 철로 뒤로 미끄러진다
단선 구간 정선 아리랑에선 약손만 내밀어야 한다
지침이 빗나가면 상처를 각오해야 한다
우리는 정면으로 만나지 말자
가파른 단선은 항상 등 뒤가 시리고
멀어야 가까워 지는 역설
손을 떨어뜨리면 잡아야 살 수 있는 이 곳
창밖으로 손을 떠난 사람을 놓쳤다
강원도 오지 단선은 눈물처럼 살아 있다
사북 태백이 멀지 않는 폐색 선에서
역의 교차 지점에서
건너 가는 둥글래 통표는 놀란 아내의 젖은 얼굴
검댕이도 밥과 함께 자시는 어머니 아버지
어두워진 둘은
노구의 등을 아랫목에 밀어 넣었다
아내의 기일에
어둑 어둑 역을 나서면
집까지 시오리

정육점 가게 문은 내리고
막걸리 사발로 목을 축인다
말문이 닫히고 슬픔이 부푸는 자리
우묵하다
위험 앞에 성성한 손을 놓치고
영원과 연결 되는 아우라지 정선
철로변 목이 긴 코스모스
가을 당신이 눈물 바람으로 손을 내미는데
볕뉘로 날아 오르는 정선아리랑
나는 당신을 가을 바람으로 껴안는다

우편함

빈 바람 드나는 붉은 상자
시침이 멈춘지 오래 먼지가 쌓였다

오늘을 훔친 엽서는 없고 눈 먼 발가락이 태어났다
난감해 진 배달부 틈새에 꽂고 간다

행운을 묶은 봉함엽서라든가
적금 만기 통지서 같은 건 없었다

계절이 지나고 어미도 새끼도
몸을 말리고 떠나버렸는지
풀풀 보푸라기가 날린다

어질러 놓은 함 속을 샅샅이 치우고
갈겨 논 똥을 지우고 나니
엄연히 주인이 있는데도
이번엔 꽃씨가 날아 들었다
우묵한 곳이면 무엇이든 고인다

교각은 사각으로 기우는데

흐린 눈동자를 긋고 간 바람 속에
아침 저녁 제법 찬기가 느껴진다

우편함에 손을 넣어 본 나는
주름진 시간이 덧없어 손등을 쓰다듬는다

얼핏보는 우편함도 쓸쓸한지
안색이 바래 보이는 오후 다섯 시
저문 해를 무엇이라 부를까

투명한 것이 부른 산새

투명이 화두가 되었다
사랑과 눈물의 회개가 맞아 떨어져야 한다
진실한 회개가 간절하길 바랐다
언제부터 교회 외벽도 투명해졌다

파란 유리 벽면에 부딪혀 산새가 떨어진 날
찬송가는 내부에서 잔잔히 흘러 나왔다
찬송은 나로부터 부르는 음성
산새는 그곳이 하나님의 성소인 줄 알았다
하나님은 하늘에 계시고 소리는 땅위에서 울렸으며
유리창은 안에서 닫혀 있다

교회 옆 인도에 새 한 마리 비스듬히 엎드려 있다
차츰 지워져 가는 주검의 흔적
우리는 미완의 땅에 사는데
때론 투명한 것이 사망을 부른다

주는 어디서나 인도하였지만
기울어진 눈금에 올랐던 산새
발가락이 열린 가위처럼 멀어지며

뿌리는 비에 씻긴다

깃 없이 날아간 날개가 강가에 닿았을까
엊그제 보건 대학 숲에서 구구구구 울던 것이었는지
투명한 유리벽을 향해 날아 간 뒤
차안 비둘기가 습하게 울고
종일 검은 하늘이 흐리다

서린아

미루나무 우듬지에 둥지 하나
지나는 바람이 그네를 태운다
해먹이 아베마리아 하나님만 닿는 곳에 있다
촌락은 낮게 엎드리고 사립문에 반딧불이 켜진다
낳아 기르고 가르치는 창문
신비한 자연 안에
사람은 우주의 한 점
길처럼 기쁨은 잠시
겪어야 할 일이 많다
먼 산은 말없이 말 건네고
강물은 낮게 흐르며 서둘지 말라 한다
세상은 넓고 할 일이 많구나
탑도 기단을 앉혀야 높이 선다
오늘도 우리는 자신의 역사와 신화를 켜고 있다
튼실하게 자라서 우뚝한 사람이 되거라

효린아

새벽
새벽 별

시간
방향
날씨
부지런함까지도

아가야 널 알아라
이웃을 도와라
큰 삶을 살아라

혼돈과
어둠을 사루고
지혜와 빛으로 인도하는

저 하늘
새벽 별처럼

평설

상실과 견딤의 시학
- "무릎 닳은 타이어가 구르는 저녁에"

김 종
(시인, 화가)

언어는 습관적으로 숨을 쉬는가 하면 미만한 언어의 채도 위에 다양한 빛깔로 산란한다. 그런 의미에서 문학에의 그 모든 것은 하나도, 둘도, 셋도 언어에 달린 문제이다. 이처럼 문학이 언어에 기댄다는 말은 언어가 문학의 형성에 거의 절대적이란 얘기이기도 하다.

간이역이 젖는 이유, 비 때문일까

언어에는 그 언어가 갖는 저마다의 길이 있다. 그리고 그 길을 따라가면 다양한 볼거리를 만나거나 어울리게 되고 그들 볼거리와 어울리는 자리에는 그 자리에 맞는 저마다의 이야기가 있다. 여기에서 우리는 문학을 통해 언어가 목표하는 것이 무엇인가를 생각하게 된다. 한 걸음 더 나아가 언어는 서사를 전제한 정신 작업이기 때문에 언제나 그에 따른 이야기가 있게 마련이다. 시 쓰기 또한 그에 따른 표정과 생각을 통한 독자적인 작업이며 그것들의 세계를 인간의 일상으로 짚어나가는 작업이 문학임은 물론이다.

　서정시의 주된 표정은 언어적 순수성에서 비롯되고 이를 중심에 둔 삶의 이야기들이 한가득 강물을 이루어 흘러간다. 서정의 바다에 배를 띄우고 이야기의 기착지로 조타하는 시적 특질로서의 작업이 시문학이라고 할 때 이를 의미화의 차원에서 관심 갖는 것이 문학을 살피고 이야기하는 평설이라 생각한다.

　인간이 걷는 길에는 언제나 그 길에 따른 수많은 풍경과 이야기가 있다. 풍경은 대자연에서 비롯된 것들이기 십상이고 여기에 인간을 개입시키면 구성을 갖춘 저마다의 이야기가 탄생한다. 원래 서정시는 시인이 전광석화와 같은 찰나적인 정감을 이야기의 개입 없이 드러내는 일이었다. 그러나 인간의 삶이 점점 장형화 내지는 구조적인 길에 들어서면서 찰나적인 정감만을 표현하던 서정시가 길이와 구조를 갖춘 이야기로 몸 바꾼 것이며 그리고는 인간으로부터 흘러든 강물 같은 모습으로 읽히곤 했다.

　우리는 여기에서 시작품에서 만나는 풍경과 이야기로 언어적 표정과 그 의미를 읽어가기 위해 침을 묻힌 손가락으로 책갈피를 넘겨 가며 문학에 담아낸 이야기와 마주하는 것이다. 쉬운 말로 문학을 읽는 일은 시든, 소설이든, 시조든, 수필이든, 희곡이든 그들 작품 속에 담긴 저마다의 시적 서정성과 그 이야기를 읽는 일에 다름아니다.

겨드랑이에 찬바람이 파고든다
무릎이 닳았다
털 빠진 기관지처럼 추억을 걸러내지 못한다
플렛폼의 발자국이 성기고
몇몇 젊은 손이 다리를 놓고 망치를 챙겨 가지만
내려간 차단기에는 아이나 노인의 그림자가 듬성듬성
보일 뿐
간이역은 처마에 걸린 무다발처럼 바람을 말린다
고속 열차가 멈춤도 없이 벼락 칠 때
내 이마를 긋고 가는 온몸의 진동
마중 나온 달은 감나무 가지에 놀란 얼굴을 숨긴다
바람은 늘 기대를 몰고 와서
종횡으로 이어지고
철길 쫓다 속도에 기함하는 풀이파리
무명 옷 입던 사람들
바구니 아낙이 깊다
이웃은 연꽃 씨방처럼 비워둔 채
팔각정에 모인 낡은 지팡이들
보따리 헐거운 과거를 색칠하며
00댁 00양반 손짓할 것 같은
회억은 뇌리에 교차로마저 지울 수 없어
침목을 두드리며 간다
건널목에 꽂힌 깃발은 옛 파시를 부르고
창문에 퇴색된 프랑카드
객쩍은 인삿말이 쓸쓸하게 펄럭인다
영산강변 배꽃 환한 산모롱이를 돌아가는
철길에 서면 공연히 눈물을 불러오는 것은

그리움 신경줄로 철길을 만들었기 때문 아닐까
햇노을을 들어 올리는 통근 열차에
산비둘기 늙은 새댁이 가슴 두근거리는 몽탄역
여물 꺼낸 워낭 소 마냥
시간 되새긴다
- 「간이역 젖는 이유는 무엇일까」

임린 시인의 작품은 그의 종횡무진한 언어 구사에 대해 따로 언급할 자리를 가져야 할 것 같다. 그의 언어는 전혀 예측하기 어려운 돌발적 다양성으로 출발하여 독자가 당황할 수도 있을 만큼의 솜씨를 매우 굳건하고 다양하게 읽을 수 있다. 일차적으로 시인에게 언어가 풍부하다는 것은 그 언어를 따라 생각이나 이야기가 그만큼 자유분방하게 풀린다는 말에 다름 아니고 이 같은 현상은 흔히 젊은이들의 기질적 문제와 관련짓는 경우가 많았다.

허나 임린 시인에게도 그가 구사한 언어가 얼마나 다양하고 활달한가는 그의 작품을 독서한 이는 저마다의 느낌 또한 소유하고 있을 것이다. 위의 작품 「간이역 젖는 이유는 무엇일까」에서도 그 같은 모습은 예외 없이 나타나고 그로 하여 우리는 작가가 의도한 의외의 생각까지도 들여다볼 만큼의 호기심을 갖는다.

작품은 '겨드랑이에 찬바람이 파고'드는 것에서 시작하고 무릎이 닳았다거나 '털 빠진 기관지처럼 추억을 걸러 내지 못'했었다는 등 앞뒤 전후가 상당히 의외적인 상황을 견인하면서 '플랫폼의 발자국이 성기고/몇몇 젊은 손이 다리를 놓고 망치를 챙겨 가지만'에 와서 우리는 비로소 보이는 것 이상의 상황을 시적 의외성으로 읽을 수 있었다. 그리고 시시각각 달라지는 언어적 표정에서 '내려간 차단기'를 만났다거나 동시에 '아이나 노인의 그림자가 듬성듬성' 보이는 장면을 목격하게 된다. 이때 간이역은 '처마에 걸린 무다발처럼 바람을 말'리거나 멈춤도 없이 벼락을 치는 고속열차와 마주하고 있다.

그리고 '내 이마를 긋고 가는 온몸의 진동'이나 감나무 가지에 마중 나온 달이 '놀란 얼굴'을 숨긴다든지 등의 구절에서도 시적 의외성은 커지고 있다. 늘상 기개를 몰고 와서 종횡으로 이어지는 '바람'은 철길을 쫓다가 그 속도에 기함하는 풀 이파리나 바구니 깊이 무명옷 입던 사람들로 "이웃은 연꽃 씨방처럼 비워둔" 상태가 되고 보따리가 헐거운 과거를 색칠하면서 팔각정에 모여든 '낡은 지팡이들'까지 "회억은 뇌리에 지울 수 없"는 상황을 만들고 퇴색된 채로 창문에 꽂힌 깃발을 앞세워 복잡한 컴퓨터 회로를 유유히 건너다니는 시인의 언어여행은 비록 간이역을 배경으로 하지만 그래서인가 인사말도 객쩍은 것이 되어 쓸쓸하게 펄럭이는 다음의 풍경으로 이동한다.

상상만으로도 비가 내리는 분위기에 '철길에 서면 공연히 눈물을 불러오는 것'이면서 '영산강변 배꽃 환한 산모롱이를 돌아가는' 그리움의 신경줄은 그것으로 철길을 만들어 햇노을을 들어 올리는 통근열차에까지 '산비둘기 늙은 새댁'의 몽탄역 땜에 가슴 두근거리는 장면은 어쩌면 "여물 꺼낸 워낭 소마냥" 시간을 되새기는 것으로 작품은 대미大尾를 감는다. 어찌 이쯤에 와서 임린 시인이 요량한 젖어있는 간이역의 이유에 대하여 독자들 또한 궁금하지 않을 것인가. 제목부터가 독자의 호기심을 자극하기에 충분한 '간이역이 젖는 이유가 무엇일까'에서 시인은 역 자체를 감정을 가진 존재처럼 의인화하고 있다.

쉽게 생각하여도 간이역이 젖는 이유는 단순히 비 때문만은 아닐 것이다. 그리고 거기엔 오랜 세월을 넘어 사람들이 흘리고 간 눈물이나 떠난 뒤에 돌아오지 않는 발걸음 혹은 시간의 축적까지가 빗물처럼 스며들어 있다. 시 속에서 간이역은 단순한 교통의 장소에 그치는 게 아니라 그리움과 상실의 기억이 집결한 심리적 공간임을 인지할 수 있다. 열차가 드나들어도 남은 것은 철길과 신호등 그리고 기억을 떠올리게 하는 주변 풍경들뿐이다.

시인은 이 같은 장면을 통해 "그리움의 신경줄"이라는 표현으로 더 큰 실감을 끌어올리고 철길은 물리적으로는 기찻길이지만 시적 세계에서는 내면을 물 흐르는 감정의 전류와 동일 의미는 아니었을까. 이 작품이 독자를 향한 쇠락한 간이역의 눈빛이 인간의 기억과 감정의 중심에 위치한다는 것이며 지금은 방치된 쓸쓸한 공간이지만 과거에는 수많은 이별과 만남이 교차했던 장소이기도 했다. 시인은 그 시절의 정서를 기차역의 '젖음'이라는 감각적 이미지로 변환하여 우리로 하여금 간이역의 외로운 풍경

속에 자기 자신만의 추억을 투사하고 있다.

 이 시는 '시간이 사라진 자리'에서 인간적 삶의 파편들을 여과없이 피워올린 기록성이 강한 시이면서 시적 화자와 독자와의 정서적 교감을 이끌어낸 발군의 작품이라 하겠다.

> 바람이 가을을 색칠 한다
> 퇴락한 공원
> 먼 길 돌아온 바람이
> 먼지와 낙엽 몇 장 얹어 놓고
> 목책 뒤에서 잠투정하며
> 물푸레 가지를 흔든다
> 이빨 사이가 성긴 햇살이
> 노파의 소식을 밟고 갔는지
> 시나브로 오가는 청설모는 눈이 짓물었다
> 가망 없다는 말 아랑곳없이
> 불안하게 견뎌온 시간
> 고치기엔 삭아버린 회색 그늘에서
> 몸 부리고 싶은 날 있다
> 눈비 바람
> 거절하지 않고 내어 준 잔등
> 풀려가는 몸이 뿌리로 내려가
> 지심을 따라가는 것 같다
> 모이를 놓고 가는 노파
> 앞발을 비비며 합장하는 청솔모
> 지나온 기억을 떠안고
> 지상의 기록이 퇴색되고 있다

사람들의 머리에 남은 잔상
　　잠 못 드는 의자
　　주저앉아 앉은뱅이 꽃으로 핀다
　　　　　　　　　　-「낡은 의자에 대하여」

 '잠 못 드는 의자'가 '주저앉아 앉은뱅이 꽃으로 핀다'는 표현을 보면 시인이 새삼 생각하는 '낡은 의자'에 대해 독자들 또한 저마다의 생각에 잠기게 되리라. 작품의 시작은 퇴락한 공원을 '바람'이 '가을'을 색칠한다는 것이며 '먼 길 돌아온 바람이' '먼지와 낙엽 몇 장 얹어놓'거나 '목책 뒤에서 잠투정하며/물푸레 가지를 흔든다'는 광경을 보여주기에 이른다. 작품이 말하는 계절이 '가을'이고 여기에 '퇴락한 공원'이라든지 "바람이 먼지와 낙엽 몇 장 얹어 놓고 잠투정한다"든지 "이빨 사이가 성긴 햇빛이 노파의 소식을 밟고 갔"다든지 "시나브로 오가는 청솔모는 눈이 짓물었다"는 표현 등에서 여러 현상과 풍경을 여실히 마주하게 된다.

　잠 못 드는 의자가 앉은뱅이 꽃으로
　우리가 작품에서 읽은 '가망 없다는 말 아랑곳없이' 불안하게 시간을 견뎌왔다든지 등은 이미 절정을 넘어서 조락을 건너고 견뎌야 하는 계절의 뒷모습을 그리 표현한 것이겠다. 생기生氣와 성장의 시간은 가고 지난날의 절정을 되돌리기에는 턱없이 부족하지만 '삭아버린 회색 그늘'이 짙게 드리워져 화자 또한 '눈비 바람/거절하지 않고 내어준 잔등/풀려가는 몸이 뿌리로 내려가' 지심을 따라 '모이를 놓고'가는 '노파'를 응시하게 한다.

이때 앞발을 비비며 합장하는 청솔모를 겨냥하여 지나온 기억을 떠안은 사람들은 자신들의 머리에 퇴색된 '잔상'처럼 지상의 기록으로 각인된 것을 독서할 수 있다. 그러고 나서 마주친 대목이 지상을 떠올린 '낡은 의자'이고 절정의 계절을 넘어서 먼지와 낙엽 몇 장 얹어 놓은 퇴색한 지난날을 돌이키는 청솔모가 가망 없는 또 하나의 시간을 바라보며 이빨 사이가 성긴 햇살을 불안하게 견뎌온 '노파'의 잔상들을 만나게 한다. 그리고는 자못 쓸쓸한 계절의 뒷모습이 지나온 기억 위에 오버랩되고 낡은 의자를 바라보며 지난 시간을 떠올리는 임린 시인의 모습 또한 환청처럼 떠오르는 것은 우연 이상일 것이다.

「낡은 의자에 대하여」는 "가을 바람"이라는 감각적 이미지로 시작하여 "노파"와 "청설모", "낡은 의자"로 이어지면서 생의 쇠락과 자연의 순응을 그린 동시에 퇴락한 공원이 죽음마저도 자연스러운 순환 현상의 일부로 묘사되어 있다는 점이다. "먼 길 돌아온 바람"이 시간의 흐름 속으로 돌아오고 기억의 환기가 "이빨 사이가 성긴 햇살"로 이동하면서 노쇠함과 공허함을 시각적 표현으로 접하게 된다.

거듭되지만 "청설모는 눈이 짓물었다"는 표현에서 우리는 작은 생명에게도 시간의 상처는 남는 법이고 "불안하게 견뎌온 시간"을 통해 인간 존재의 불안과 자연의 또 다른 면을 노래한다고 생각한다. "지상의 기록이 퇴색되고" 기억과 존재의 소멸을 암시하는 자리에 "잠 못 드는 의자/주저앉아 앉은뱅이 꽃으로 핀다" 등의 표현은 낡은 의자가 다시금 생명의 세계로 환생하는 매우 아름다운 설정이라 하겠고 소멸에서도 생의 잔향을 담아내면서 이에 퇴락과 노쇠 등의 단어들이 "앉은뱅이 꽃으로 핀다"는 구절로 읽히고 절망이 아닌 포용과 변환이 소생의 미학으로 바뀌는 것을 대할 수 있었다.

> 노적가리에 쌓이는 비애
> 가슴에서 머리로 걷는 기억
> 멍청하지 않는 것 있다면
>
> 5·18의 모습
> 분신의 환영
> 발바닥에 피의 문양
>
> 성인으로 다 키운 애 둘
> 연잎 같은 첫차에 매달려
> 금남로 총부리 속으로 사라진 후
>
> 기독병원 시체로 만난 자식
> 횐천을 들추니 죽어있었다
>
> 골수에 담고 갈 내 아이들
> 바구니 이고 손 잡혀

행상으로 키운 아들

오늘은 장날
오일장 역사
그을린 소금 주렴 빰을 판다

오월이 맞다면
앞 세워보라 너희 애를

잊을 수 없는
내 눈 감겨도

참된 오열 거짓된 오월이 아니라면
아카시 향촉 터트리며 낮달 시위 '칼레'를 보아라
-「노점 어머니」

「노점 어머니」는 사회사적 증언시의 성격까지도 담보하는 작품이라 할만하다. 단순히 한 어머니의 삶을 그린 것에 그치지 않는 이 작품은 그 어머니의 존재 위에 5·18의 역사적 상처를 겹치듯이 노래하고 있다. 시 속에서 어머니는 노점에서 생계를 이어가는 소시민인데 그녀의 손길이나 젖은 작업화, 녹슨 철 같은 이미지들은 동시에 오랜 노동의 흔적과 빈곤의 세월을 보여주고 있다. 이야기는 여기에 그치지 않고 개인적 삶의 고단함으로 이어지고 이를 넘어 '멍든 오월'이라는 구절에 이르면 아픈 5·18의 집단적 기억과 만나게 된다.

"노적가리에 쌓이는 비애"로 시작하는 「노점 어머니」는 5·18의 다양한 장면들을 불러내면서 우리의 현대사를 가르는 분수령적 의미를 지니는 것을 확인할 수 있다. 그런 터에 무감각하지 않다면 "가슴에서 머리로 걷는 기억"을 어찌 지우고 살았을까 싶게 5·18의 세월은 심하게 말하면 원죄적(?)인가 싶을 만큼 가파르기만 했었고 그 틈세에서 시인들의 언어 또한 평탄할 수 없었다.

5·18을 떠올리면 우선하여 '분신의 환영'이 떠오르고 발 디딘 자리마다 '피의 문양'들이 새겨지는 것 같은 아픔을 지금도 고스란히 간직하거나 기억하고 있는 사람이 어머니이고 '광주'라 한다면 지나친 설정이라 할 것인가. 기독병원에서 만난 자식이 흰 천을 들춰보니 '죽어있었다'는 이야기는 먼 나라가 아닌 우리네 형제자매들의 이야기라는 사실이 호흡을 가파르게 한다. 화자는 바구니를 이고 손 잡혀 키운, '골수에 담고 갈' 자식을 주검으로 만나고 있는 것이다.

요컨대 노점상으로 생계를 꾸렸던 어머니의 이야기는 한 여성의 삶이 단순히 개인적 차원에 머무르지 않고 시대적 고통이 확대 확산되는 것을 보여주면서 이 시의 가장 강렬한 부분이 바로 개인적 체험과 집단적 행위의 교차점 위에 어머니의 삶이 위치한다는 점이다. 어머니는 생활을 위해 노점을 차리고 자신의 아픔을 삼켜 왔지만 그가 흘린 눈물은 한 가정의 눈물이 아니라 곧바로 민주화 운동의 희생과도 연결되는 눈물인 것이다. 시인은 이 같은 장치를 통해 어머니의 존재를 가족이라는 단순 기억에 가두지 않고 사회 전체가 기억해야 할 증언의 광장으로 끌어내고 있다.

따라서 이 작품은 어머니를 하나의 타입으로 형상화한 시로 읽을 만하다. 노동이나 빈곤 나아가서는 역사적 폭력이 교차하는 지점에까지 한 개인이 흘린 눈물은 민족적 눈물로 확대되면서 그 눈물을 기록하고 증언하려는 시인의 윤리적 정신적 존재가 잘 노래된 작품이라 하겠다.

　　선창이 벼랑 끝에서 울고 있다

　　뱃머리가 선착장에 들어설 때
　　배의 옆구리가 맞대일 때
　　낡은 자신의 몸을 던져
　　충돌을 막아내는 건 몇 켤레의 둥근 고무신이다

　　몸에 부딪힐 때마다 움찔 움찔 쏟아낸
　　통증의 눈물이 바다를 적실 것 같은
　　그때마다 바닷새도 놀라서 날개를 비껴 갔을
　　항구는 늘 기쁜 것과 힘든 것
　　아픈 것과 슬픈 것이 한데 엉켜 짠물이 되었다

　　목메 있는 건 뱃사람들의 억센 소리 뿐만 아니라
　　주인 잃은 아낙과 떨어진 신발
　　몇 켤레의 눈물이 갯메꽃으로 피어
　　선착장은 들고 나는 물때와

크고 작은 배들로 퍼렇게 출렁거렸다

은퇴한 타이어가 경호를 서고
조금 때엔 울컥이는 바다 마을
등대처럼 부풀어 쓸쓸해 보이는 저녁
간기 머금은 그을린 얼굴로
어쩌지 못한 말은 꺼지는 거품으로 날리고
고깃배를 기다리는 갈매기도 바위 끝에 앉아
항구 밖 뱃길을 보고 있다

항아가 굽는
타이어의 그림자
둥글었다 길쭉해졌다가 맨발로 달을 따라 나선다
- 「달에게로 간 타이어」

시작품의 품새로 보아 「달에게로 간 타이어」는 작품 시작부터 무언가 심상찮은 일이 예견되고 있다. 그것이 바로 "선창이 벼랑 끝에서 울고 있다"는 상황인식이다. 무엇 때문인지는 모르지만 선창이 벼랑 끝에서 울음을 울 만큼의 상황에 선착장에 뱃머리가 들어서는 것은 미구에 있을 어떤 일과의 암시 또한 의미한다고 하겠다.

몇 켤레의 눈물이 갯메꽃으로 피어

선박이 선착장에 들어서는 것은 접안과 맞물린 문제이고 늘상 충동이라는 상황 또한 가능할 수 있다. 작품에서는 배의 옆구리가 맞대일 때 '낡은 자신의 몸을 던져' 충돌을 막아내는 건 몇 켤레의 '둥근 고무신'이라는 설정 자체가 더 큰 실감의 자리를 발언하고 있다.

그리고는 마치나 운명의 밧줄을 끌어당기기라도 하듯 뱃사람들이 저당 잡힌 운명을 묶는 동안 그들이 내지르는 '억센 소리'가 이를 상징이라도 하듯 '주인 잃은 아낙과 떨어진 신발', 그리고 '몇 켤레의 눈물이 갯메꽃으로 피어' 선창은 들고나는 물때와 '크고 작은 배들로 퍼렇게 출렁거렸'고 그러다가 이 같은 상황은 이내 여느 풍경과 다를 바 없는 평온으로 되돌아온다. 그리고 이어지는 자리에 갈아 끼워서 폐기된 타이어가 '은퇴한 타이어'로 등장하고 그 타이어가 경호를 선다고 한 대목에서 선박 간의 간격이 어찌 유지되는가가 선연하게 드러난다.

선창을 채운 물길이 갯펄 저 멀리로 물러간 때를 조금이라고 한다, 그리고 밋밋하게 펼쳐진 갯펄을 보고 있노라면 '바다 마을'은 "등대처럼 부풀어"오르고 그마저 쓸쓸해 보이는 저녁 시간이 되면 '간기 머금은 그을린 얼굴'로 귀가하는 사람들과 무엇인가 멈칫거리는 말들을 '꺼지는 거품'처럼 날려버리고 고깃배를 기다리던 갈매기도 바위 끝에 앉아 '항구 밖 뱃길을 보고 있다'고 하였으니 삶의 현장이 이리도 아련하고 쓸쓸한가를 실감하게 한다.

그리고 여기에 등장하는 '타이어의 그림자'를 굽는 '항아'는 산천경개를 비추는 아름다운 보름달을 상상 중에 그려보게 된다. 그것을 따라가기라도 하듯 "둥글었다 길쭉해졌다가 맨발로 달을 따라 나"서는 '타이어'는 하루의 어로를 마치고 귀가하는 한 사람의 어부가 아니겠는가. 우선 이처럼 초현실적이고 상징적인 이미지가 읽히는 - 「달에게로 간 타이어」는 굴러가던 타이어가 버려지면서부터 바다, 더 멀리는 달로 향한다는 상상에 이르고 이는 언뜻 엉뚱한 듯 보이는 시적 언술이 사실상 인간 존재의 무의미한 부유를 그리 표현한 것으로 보인다.

타이어의 기능 자체는 더도 덜도 아닌 이동을 위한 운송의 도구이나 이 작품에서의 타이어는 제 역할을 상실한 채 해변에 버려져 떠도는 존재로 드러난다. 바람에 굴러가고 파도에 휩쓸리다가 도달한 곳은 현실 세계가 아닌 '달'이라는 초월적 공간이었다.

시인이 여기에서 굳이 '달'을 끌어온 이유는 도달할 수는 없지만 끝없는 동경을 표현한 상상의 세계가 그렇다는 것이다. 여기에서 타이어는 시인 자신 혹은 인간을 의미하는 은유적 표상으로 읽히고 사물의 본래성에 비추어 타이어는 제 기능을 잃고 이리저리 표류하는 존재로 어디론가 지향하고자 한 인간적 욕망은 항용 남아 있는 존재를 그린 것으로 보인다. 그러나 그 끝은 현실의 항구가 아닌 어쩌면 영원히 다다를 수 없는 달이라는 지점이며 그래서 이에서 촉발한 쓸쓸한 허무를 실감을 더하여 읽어가게 한다.

'달에게로 간 타이어'는 선창 이야기가 아름다운 우리네 이웃들이고 이들의 이야기를 벼랑 끝에서 실감나게 담아낸 이 작품은 친근한 선창 풍경을 보여주면서 고깃배 기다리던 갈매기도 바위 끝에 앉아서 항구 밖 뱃길을 바라본다는 선창 풍경을 갯벌을 묻혀가면서 음미하게한 기억할만한 수작이라 하겠다.

　죽 먹던 시절

　알 수 없는 실웃음 젖 물리면 그쳐
　가난을 내색 않고
　파리한 울음소리로 애기 경전 읽어 냈다는 어머니
　옹이진 손으로 바느질 삯 받아 등록금 내주시고
　합격 소식에 대견해하시던 깡치 박힌 손

　술로 가신 아버지에 발작하며
　참던 어머니
　달그림자 수굿한 어머니도
　물끼 젖은 아내, 고만한 손자 둘 남기고
　산딸나무 곁 아버지 곁에 가셨다

　돌아보면 쓸쓸한 별이 흐리다
　애써 커가는 아이들과 애옥살이 아내를 두고
　직장을 그만 둘 수 없는 처지

　수척한 달 그림자 같은 아내의 주름
　얼굴을 쓰다 듬으면
　아내의 부어있는 눈가가 젖곤 했다
　　　　　　　　　　　　　　　　－「달과 같이」

시적 리얼리즘은 다가가서 음미하면 할수록 더 큰 실감을 동반하고 그들 속에 스민 핍진한 이야기를 한가득 누리도록 노래한 임린 시인이야말로 시의 진수를 무언중에 독서하게 한 시인임을 무언중에 인지하고 싶다.

지금 사람들은 상상도 할 수 없이 사는 일이 어렵고 하루 세끼 해결하기조차 가파른 절벽이라 여기면서 도리없이 밥 대신 죽을 먹었다. 작품에서는 소상하지 않게 '죽 먹던 시절'이라 하였지만 먹는 것이 부실하다 보니 젖꼭지도 비어서 젖 빨던 아이는 노상 울면서 보채기가 일쑤였다. 그런데 왠지 이에서 등장한 "알 수 없는 실웃음"도 젖 물리면 그쳤다고 했다.

비록 공갈젖꼭지일 망정 물리는 것이 차라리 아이를 진정시키는 데 보탬이 되고 아이의 허기를 해결하는 일이 되었다는 얘기일까. 작품을 읽는 일만으로도 화자가 이야기하고 싶은 집안의 그림이 대충 그려지고 있다. 젖꼭지를 물리고 나서 거기에서 들던 아기의 울음소리를 '애기 경전'으로 읽어냈다는 어머니는 바로 우리들 가장 가까이서 우리들에게 가슴을 열어 젖을 물리던 우리들의 어머니였다.

그 어머니의 하루는 자식 등록금을 마련하느라 '옹이진 손으로' 삯바느질을 하셨었고 돈 몇 푼이라도 손에 잡히면 우선적으로 등록금 밑천에 넣으시던 일은 그 자체로 하나의 일상적 전설이었다. 돈댈 일은 뒷전에 두고 합격 소식에만 그저 기뻐하시던 모습은 차라리 '성자'라는 말이 합당할 판이었다. 이 같은 이야기 뒤에는 하나의 공식처럼 술로 가신 아버지가 위치하고 이것들을 이겨내느라 인내하는 어머니에게 기다리는 것은 끝도 갓도 없는 자식들 뒷바라지였다.

그 뒷감당이 어찌 평범한 여느 이야기에 비기겠는가. '달그림자 수긋한 어머니'라는 표현 뒤에는 밤늦은 시간까지 삯바느질 하시는 어머니가 상상 중에 그려진다. 그러던 어머니도 '고만한 손자 둘 남기고' 각다분한 현실의 여러 일들을 뒤로 한 채 '산딸나무'가 있는 아버지 곁으로 가셨다. 이상의 이야기는 우리가 살아온 세월에는 자주 등장하는 흔한 이야기일 수 있지만 작품을 읽는 우리가 물리지 않는 것은 이 작품이 지닌 언어적 진실 때문이다. 이 자리에서 화자는 지나간 시간을 되돌리는 회억에 잠긴다.

'애써 커가는 아이들과 애옥살이 아내를 두고' 직장을 그만 둘 수밖에 없는 가장은 수척한 달그림자 같은 아내의 주름을 보면서 얼굴을 쓰다듬었고 그럴 때면 부어있는 아내의 눈가가 젖곤 하였다는 대목에 이르면 부부가 공유한 인간적인 이심전심의 연민을 읽을 수 있다. 그리고 손잡고 살아온 한 생의 물길이 가감 없이 뒤돌아 보이고 인간의 표정과 광경들이 실감나게 읽히는 것은 이 작품이 지닌 언어적 진실 때문이다.

이 시에서 달이라는 사물은 이전의 그 어떤 작품보다 훨씬 더 인격적이고 함유된 애도의 이미지로 드러난다.

여기서 달은 밤하늘에 떠 있는 단순 발광체가 아니라 지상을 떠나고서도 한없이 비추고 있는 어머니의 환영을 그리 표현한 것이리라. 그처럼 어머니는 달빛처럼 사라진 존재이면서도 여전히 우리를 비추는 항상성으로 읽히고 달은 한 번도 지상에 내려오거나 머문 적이 없었지만 어두운 길을 한결같이 밝혀주는 존재라는 점에서 어머니의 세월을 가감없이 읽는다.

고국'이라는 화롯불로 가슴 뜨거워지는 사람들

어머니는 이제 지상에서는 부재이지만 자식의 마음에는 살아 있으며, 그래서 인간의 존재 또한 꺼지지 않는 빛처럼 영원하다는 것이다. 여기서 흥미로운 점은 달에 빗대면서 모성의 영속성을 강조하였다는 점이고 시인만의 또 다른 의도로 달은 차고 기우는 순환의 존재라는 사실을 일깨우고 있다. 죽음은 사라짐의 다른 말이지만 달빛처럼 또 다른 방식으로 그 생명을 이어가는 사물이기도 하다. 이 작품은 그래서 어머니의 상실 이후에도 여전히 빛에 대한 성찰이 드러나고 인간으로서 어머니의 손길은 지금은 사라졌으나 달빛처럼 다다를 수 없는 지점에 남아 영혼과 정신을 밝히고 인도하는 존재로 읽을 수 있다.

이 시는 떠나가고 상실된 존재를 향한 슬픔의 기록이자 부재중에도 이어지는 사랑과 그 힘의 정신을 그리 표현하고 증거하는 작품이라 할 것이다.

충만의 기억이 멀다
영혼에도 결핍 있다 보름달만 야망이 아니다
절망이 바닥을 치고 살 붙이려면 떠나야 하는 이방인들
거미줄도 동아줄로 얽힌 날 있다

상생의 경계로 다가서는 불안한 한 끼
간절한 틈새에서 영글지만
때때로 매지구름 막아서 유목이 어렵다

공단을 매개로 뭉쳐 고려인이
이루어 가는 신기루의 고비사막
먼 길 외로움
군상을 이루어 낙타 고삐를 팽팽히 당긴다

고국에 두고 온 너의 별 나의 별 중에
작아도 밝은 길 내며 간다

모래 밥이 씹힐 때 밥은 달았다
시린 간극 바람벽에 웅크리고
한뎃잠에도 가슴 덥던
그들에게 궂은일 생생한 사투요 힘든 노역이다

기저 산업, 섬과 섬을 잇는 연도교
노동의 빈 화덕에 가로등 환해진다
별 헤며 신산한 시간을 다지고 있다

                -「고려인」

언제부턴가 우리에겐 정체성을 확인하는 '고려인'이라는 자존심 높은 단어가 자리를 잡았다. 여기에는 몇 가지 갈래로 의미 짓기는 했어도 우리네 교포이면서 러시아를 비롯하여 우크라이나, 벨라루스, 카자흐스탄, 우즈베키스탄 등지에서 독립국가 연합 내에 거주하는 한인 교포를 통틀어 그리 이르는 말로 이해할 수 있다.

기본적인 의미로야 918년에 왕건이 개성에 세운 나라의 백성들을 이르던 말이었는데 이 말이 주로는 "옛 소련 지역에 사는 우리 겨레"를 두루 통칭하던 말로 바뀌면서 조국에 대한 강한 향수가 깃든 말이기도 하다. 대부분의 고려인 당사자들은 '고려사람'이라는 용어를 더 많이 쓰고 일부 현지 고려인 학자들과 한국에서는 '고려인'이라는 용어를 병용하는 실정이다. 대뜸 '고려인'이라고 했을 때 거기에는 러시아에 거주하고 있는 사할린 한인들이 역사적 형성 과정의 차이로 하여 포함되지 않는다는 사실도 자리 잡고 있다.

고려인들 대부분은 현지의 고국에 거주는 하지만 일부는 고향에 해당하는 구소련권을 벗어나 유럽과 캐나다 그리고 한국에까지 이주해서 살고 있다. 그리고 '고려인'이라는 용어는 1920년대에 그 기원을 둔다고 하지만 이는 하나의 추정일뿐 정확한 발생과정은 미확인 상태이다. 1930년대에 소련의 국내 정치 상황에 따라 고려인에게 매우 불리한 일이 나타났는데 그 때에 악명 높던 스탈린의 정치 탄압과 소수민족에 대한 억압 및 고려인들의 강제이주 조치가 실행되던 때였다.

  고려인들은 '군상을 이루어 낙타 고삐를 팽팽히 당기'면서 공단을 매개로 뭉치고 신기루 같은 머나먼 길을 고비 사막의 '외로움'을 앞세워 가고 또 갔다. 그런가 하면 '매지구름을 막아서' 간절한 틈새처럼 영글어 가던 '상생'의 경계를 '불안한 한 끼'처럼 챙기던 생존에의 높은 장벽은 끝날 줄 모르는 외로움과 맞닿아 있기도 했다. '충만'을 떠올리고 '야망'을 느끼면서 그 기억마저 가물거릴 정도로 머나먼 유랑 위에 크나큰 영혼의 결핍처럼 떠오르는 보름달로 "바닥을 치고 살 붙이려면 떠나야 하는 이방인들"의 절망을 넘어 거미줄을 동아줄처럼 벼리는 고려인들의 '고국'은 '두고 온 너의 별 중에 별'이었고 "작아도 밝은 길 내며" 가는 등대 같은 희망 하나를 기둥 세우는 일이었다.

  '시린 간극 바람벽에 웅크리며' '한뎃잠에도 가슴'은 더웠었고 "고국에 두고 온 너의 별 나의 별 중에" "작아도 밝아도 길 내며' 가는 이는 다름 아닌 '궂은 일 힘든 노역'도 '생생한 사투'로 맞서는 우리의 고려인인 것을 절절한 목소리로 웅변하는 위의 시는 임린 시인이 동포애 위에 피워올린 거대한 봉홧불이었을지도 모른다. 작품이 시작되면서 멀다고 전제한 충만에의 기억은 모래 밥이 씹힐 때도 '밥은 달다'고 했었고 '섬과 섬을 잇는 연도교'처럼 가슴과 가슴을 잇는 길이 놓이고 '노동의 빈 화덕'에 '가로등'처럼 환해지는 세상은 비록 현실에선 가능

하지 않았지만 그래서 노동도 놓치고 별을 헤며 귀가하는 길은 '신산한 시간'에의 길이었으리라.

그러면서도 가슴을 덥게 채운, 만져볼수록 따뜻한 고려인이라는 가슴으로 가고 가고 또 가는 인고와 자부심의 길이었을 것이다. 작품은 도도한 강물을 밀고 가듯 '고려인'이라는 주제어를 중심에 두고 영혼에도 결핍이 있고 보름달마저 야망으로 읽을 수 없었던 그래서 절망이 바닥을 치는 땅을 살붙이다가 떠나야 하는 '고려인'은 분명 눈물의 시간을 유랑하는 현실보다도 더욱 가열찬 '고국'이라는 화롯불로 가슴이 뜨거워지는 사람들이었다. 디아스포라의 정서를 직접적으로 노래한 이 작품은 고려인이라는 이방에서 뿌리 뽑힌 자들이 낯선 땅임에도 한곳에 정착하지 못하고 부유하는 우리네 동포들의 삶을 초상肖像하듯 그려내고 있다.

이 시는 또한 그들이 감내했을 애환과 뒤섞인 정체성에도 불구하고 '고려인'은 단순 호칭이 아니라 고국을 잃은 사람들의 집단적 고향상실을 증거한 용어이며 여전히 하나의 피와 문화적 습속을 간직하면서 낯선 땅의 고단한 삶을 계속하는 사람들이다. 이 작품은 뿌리 없이 부유하는 인간군상들의 삶에서 이들이 감내하는 쓸쓸함을 그리면서 우리네의 삶과 연결시켜 큰 울림을 주고 있다.

인간은 어디서든 뿌리를 내리고 정착하려 하지만 숨길 수 없는 것은 늘상 떠도는 존재들이란 사실이다. 따라서 이 시는 지역이나 종족의 문제를 넘어 보편적 디아스포라의 시학을 보여준 괄목할만한 작품이라 하겠다.

> 발걸음이 저녁처럼 뜸하다
> 일당 팔만 원을 받고 파했다
> 예약이 없는 귀가에
> 진눈깨비 내린다
> 작업화가 젖은 발을 말린다
> 벨이 조용하다
> 상처엔 좌판 주고 가신
> 어머니가 발라준 침이 명약이었다
> 가끔 거친 손으로 된장을 내밀었는데
> 싫어 집 나간
> 아들 찾아 사방으로 헤맸던 어머니
> 돌아가신 눈꽃이 내린다
> 성인 되어 차린 속이
> 헤아릴 수 없는 눈 속으로
> 걸어 들어 간 뒤에
> 분간할 수 없는
> 소리 들렸다 사라진다
> 구급차 소리 울리고
> 아무렇지도 않게 함박눈이 푹푹 내린다
> 제 몸 하나 붙박아 둘 중력의 직장은
> 보이지 않았다
> 어머니 놓친 후회도 소용 없었다
> 세상은 다시 조용하다
>
> ―「무직」

대단한 리얼리즘이 체험 속에 녹아든 또 하나의 작품이 「무직」이다. 임린의 언어는 늘상 숨길 수 없는 현실에의 직절함에 나아가 있고 그 간극을 채우는 떨쳐낼 수 없는 감동이 풀잎처럼 자라나는 것을 느낄 수 있다. 어머니가 명약이라며 침을 발라주던 시절의 이야기에는 가끔씩 거친 손으로 '된장'이 대신하기도 하였었다.

작업화에 젖은 발이 마르는 시간은

그런데 그것이 싫어 아들은 집을 나갔었고 그런 자식을 사방팔방으로 찾아 나섰던 어머니는 지금은 타계하셨는데 아는지 모르는지 밖에서는 꽃잎처럼 '눈꽃'이 내리고 있다. 상상만으로도 감당하기 힘든 쓸쓸함이 속절없이 내리고 또 내리는 눈발 속으로 성인이 되어서야 지난날을 후회하며 속을 차린 한 사나이가 찾아 들어간 곳은 분간할 수 없는 소리가 들렸다는 '구급차 소리 울리'는 공간이었다.

여기에서 밝힌 일당 근로자의 팔만 원은 진눈깨비가 내리고 생기 없는 귀갓길은 더욱 어둡고 춥지만 작업화에 젖은 발이 마르는 시간은 어머니 생각이 사무치게 간절한 그리움의 시간이었을 것이다. 가시고는 오지 않는 어머니는 돌이킨다고 후회한다고 달라지는 것은 아니지만 '제 몸 하나' '붙박아' 두기 어려운 '중년의 가장'은 들렸다가 사라지는 소리처럼 다시는 보이지도 않는 그리고 놓친 후회도 소용이 없는 그래서 아무 일도 없었다는 듯 다시금 조용해지는 그런 시간 속으로 들어서고 있다.

무력한 '아버지'를 중심에 두고 사회적 존재의 상실을 직시하는 위의 작품은 제목이 지시하듯 단순한 직업적 문제만을 노래하지는 않는다. 시 작품은 내용으로 보아 소외되고 버려진 존재가 그 자체로 무가치하게까지 취급되는 현실에다 아버지는 '죽음에 무직의 이름표를 단' 존재로 드러난다. 이는 단순히 직업을 손 놓고 살았던 한 개인의 초상이라기보다는 보다 근원적으로 노동의 존엄이 무너지고 이들에 따라 사회적 지위마저 그같이 평가되는 현실을 날카롭게 발언한다. 그런 의미에서 노동은 삶의 근본 조건이자 정체성이라 할 수 있다.

하지만 사회적 의미로 직업이란 것을 잃는 순간부터 존재 전체를 부정당하게 되고 그래서 작품 속의 아버지는 그 구조적 폭력에 짓눌려 소멸하는 존재로 읽히는 것이다. 무엇보다 이 시가 지닌 문학적 설득력은 아버지라는 개인의 상실을 넘어 시대적 초상으로 그 의미가 확대되어 읽힌다는 점이다. 자본주의 사회에서 산업화로 수많은 아버지들이 일자리를 잃고 그로 하여 존엄 또한 잃어가는 것을 빈번하게 목도하면서 "무직"이라는 말은 그 어떤 온기도 스밀 수 없는 차갑고 관료적인 말에 지나지 않고 그래서 인간의 삶 전체를 제한하거나 규정해 버리는 잔혹함을 낙인찍듯 보여준다는 점이다.

이 작품은 아버지의 죽음을 애도하면서도 그 이면에 사람의 가치를 가름하는 '노동'과 이를 재화로만 평가하는 사회적 구조와 폭력성을 숨김없이 증거하는 '고발시'라고 할 수 있겠다.

> 소낙비에 구겨지기도 했을
> 이 빠진 해오라기 걷게 되면서 비 맞고 섰다
> 우장 입은 죽지에 휘어진 등
> 퇴화된 깃털 비옷이 말려 내는지
> 골판지 같은 노인의 몸이 휘청거린다
> 모질게 끌던 폐지 카트를 멈추고
> 허리를 곧게 세워 보지만
> 강대나무 꺾이는 소리에 되감기는 삭신
> 바닥의 결핍을 안을 것처럼 지하로 접히는 데
> 돌틈 물불 개의치 않고 민들레 꽃씨
> 길을 내고 날린다
> 목관 치수에 몸피 맞추어
> 능소화 담벼락에 닳고 허물어진다
> 한세상 견디다가 하늘 새로 돌아간다면
> 수리의 몸 둘레에서 완관될 것 같은
> 마른 입술 가만한 울림
> 말을 짓기 전에 소리로
> 흩어 잡을 수 없는 말
> 이 세상 다가가서 최후를 말하라면
> 선몽은 더 이상 묻지 않기로 했다
>
> ―「벼랑 새」

「벼랑 새」는 우선 어휘적으로 감이 오지를 않아 여러 곳을 뒤지게 되었는데 충청북도 청주시 상당구 수동에 있는 골짜기를 이른다는 것이었고 '밤골'은 '벼랑새'로도 불리는 바 '벼랑 사이'를 의미한다는 것이었다.

굳이 제목 상의 의미를 헤아리는 일이 답답한 독해 중의 하나일 수는 있겠지만 '하람새'로도 불리는 '벼랑 새'는 골짜기가 벼랑으로 이루어져서 붙인 이름이라는 것. 이는 중세국어에 '벽 사이'를 의미하는 것으로 간주하면서 골짜기가 벽과 같은 벼랑 사이에 있다는 것에서 붙여졌다고 보는 것이다. 그러나 작품에서 읽은 '벼랑 새'는 굳이 어학적 의미에 갇힐 것이 아니며 작품을 읽어서 그 의미와 흐름을 살피고 만들어가는 것이 보다 합당하다는 것이고 벼랑처럼 아슬아슬한 현실을 "모질게 끌던 폐지 카트를 멈추고/허리를 곧게 세워 보"려고 애쓰는, '골판지 같은 노인의 몸이 휘청거리'는 광경을 작품을 통해 마주하고 있다.

이 작품은 전경前景으로 '이 빠진 해오라기' 한 마리를 보여주면서 '소낙비에 구겨지기도' 했었고 풍경처럼 비 맞고 서 있는 광경이 처연하게 펼쳐진다. 우장 입은 죽지에 퇴화된 깃털, 휘어진 등이 두루 골판지 같은 노인의 휘청거리는 등허리와 오버랩되면서 시적 실감은 커지고 있다. 그런 계제에 "돌틈 물불 개의치 않고 민들레 꽃씨/길을 내고 날"리는 광경은 강퍅한 시간을 자애롭게 어루만지는 실루엣처럼 느껴지기도 한다. 몸피 맞춘 '목관 치수'라든지 담벼락에서 닳고 허물어지는 능소화 따위도 효과가 동일하기는 마찬가지다.

'티벳 벼랑'을 나는 새의 후손에게 치르는 육식 현장에서 그 자체로는 희생물이고 그 다음으로는 승천이 될 차례인 것이다. 현실에서는 견디기 어려운 비좁고 힘든 세상에서 살았지만 죽어서는 드넓은 하늘 새로 돌아간다면 수리의 몸 둘레에서 완판으로 생을 마친들 그의 승천은 입술은 말랐어도 '말을 짓기 전에 소리로' 흩어져서 잡을 수 없을 만큼 행복하다는 것이다, 그리하여 '가만한 울림'을 최후처럼 다가가서 사후의 일은 더 이상 말하지 않는다면 「벼랑 새」는 노년과 죽음, 그리고 존재의 마지막 흔적을 "새"의 이미지로 형상화한 작품으로 읽을 수 있고 쇠락 속에서도 존재를 지켜보는 시선 또한 일관되게 흐르고 있다.

  "벼랑"이라는 단어가 추락 직전의 경계를 의미하는 것으로 보이는 그곳에 "새"가 있었다는 것은 죽음과 생 사이의 미묘한 경계를 넘으려는 존재의 의지적 상황을 그리 상징한 것이다. 작품이 말하는 이 벼랑 새는 실제의 조류이자 인간의 영혼을 그리 표현한 것으로 보이고 "소낙비에 구겨지기도 했을/이 빠진 해오라기"를 빗속에 서 있는 상처 입은 인간으로 그렸다고 볼 수도 있다.

  그리고 '이 빠진 해오라기'라는 표현에서 우리는 무너진 존엄이나 노쇠한 육체를 드러내는 동시에 "우장 입은 죽지에 휘어진 등/퇴화된 깃털 비옷이 말려" 한때는 날던 새가 이제는 땅에 머물며 비에 젖은 등을 노인의 등줄기처럼 보여준다는 것이다. "골판지 같은 노인의 몸이 휘청거린다"는 구절은 하나의 비유로도 탁월하지만 얇고 약한 그러나 여전히 버티고 서 있는 생명체에의 질감이 "민들레 꽃씨/길을 내고 날린다" 등을 효과적으로 밑받쳐 주면서 그 끝자리에서 여전히 확산과 번식을 멈추지 않는 "벼랑"은 그냥 절벽이 아니라 오히려 새로운 생이 출발하는 장소로 변모한다는 것이다.

이 작품에서 시적 화자는 자연의 움직임과 인간 존재의 운신 여부에 구애되지 않으면서 "목관 치수에 몸피 맞추어/능소화 담벼락에 닳고 허물어진다"는 인간의 삶이 "악기의 음관"처럼 하나의 공명체가 되어 자연의 소리에 섞이게 되고 "닳고 허물어진다"는 표현에 나아가 사라짐이 아닌 소리로의 귀의를 새삼 읽을 수 있다. 이 작품은 결말에서 "이 세상 다가가서 최후를 말하라면/선몽은 더 이상 묻지 않기로 했다"를 읽게 되는데 이는 표현상으로는 애매하면서도 한편으로는 탁월하다.

벼랑 끝의 새는 침묵 속에서도 떨어지지 않고 날으며 자신의 마지막 소리를 내는 존재로 남는다는 사실에서 소멸의 문턱에서 인간은 여전히 생의 흔적을 남긴다는 것과 퇴락과 죽음은 종말이 아니라 변주의 한 형태라는 점에서 인간은 자연 속으로 돌아가며 하나의 소리로 완성된다는 것을 말할 수 있다.

촉각적·청각적 이미지가 병치 된 "비옷", "골판지", "목관", "마른 입술의 울림" 등의 감각적 언어가 서로서로 어울리면서 시의 밀도는 높아지고 노년-새-소리-자연이라는 연쇄적 상징 구조가 언어 이전의 생명성을

'말을 짓기 전의 소리로' 탐색하는 구절들이어서 우리에게 더욱 가깝게 다가오는 것이다.

> 줄 풀린 강아지가 흠흠거린다
> 향내를 맡는가 했더니 용변인가 보다
> 사료를 먹기까지 인변으로 키우던 개
> 사육하다가 사육되어버린 먹이의 변화
> 똘똘아 하고 불러보지만
> 외면하다가
> 뒤돌아보는 순간 줄에 묶이어
> 똥오줌도 맘대로 못하는 세상
> 끌려가며 뚝뚝 고군산열도처럼 떨어뜨린다
> 더러운 세상 흰 소리 낑낑거린다
> 사람은 교육하지만 개 돼지는 사육된다는 말에
> 다스리기 보다 지켜달라는 저 눈
> 감정을 꼬리에 싣고
> 소리나 행동으로 의사소통할 뿐
> 정작 말 못하는 동물
> 짖으면 시끄럽다고 성대를 따버리는
> 주인의 당근과 회초리가 무서워
> 주인에게 삶과 죽음을 온전히 맡기고
> 쫓겨나면 갈 곳 없는 종족
> 어느 시골 토방 마루 밑이거나
> 아파트 거실에서 울렁이고 있을지 모른다
> 그들 소리에는 늑대처럼 달뜬 하늘 보며
> 울분이 내장된 울음통이 들어있다
>
> ―「불편한 사육」

위의「불편한 사육」은 임린 시인이 '인간의 문명적 위선'과 '타 존재와의 억압된 생명성'을 드러내는 한 편의 '사회시社會詩'로 창작했을 것이다. 이 시의 표면에는 '강아지'가 등장한다.

"사육하다가 사육되어 버린" 인간의 자화상을

그 강아지는 더 이상 애완용이 아니며 "사육하다가 사육되어 버린" 인간의 자화상을 그리 표현한 것이리라. "사육하다가 사육되어 버린 먹이의 변화"란 이 한 줄의 표현만큼 이 시의 탯깔을 살리는 구절은 없을 것이며 이 시의 거대 축으로도 충분하다 하겠다. 그리고 '개'를 사육하던 인간이 이제는 체제와 규율과 소비의 논리 속에서 되레 자신이 '사육당하는 존재'로 전락했다는 사실의 통찰에 이르게 된다.

이 작품에서 우리는 "줄 풀린 강아지"가 자유를 잠시 얻은 듯 보이나 곧바로 "줄에 묶이어" "똥오줌도 맘대로 못 하는 세상"에서 생리적 자유조차 제한된 문명사회와 억압된 존재들을 그리 풍자하면서 이를 "고군산열도처럼 떨어뜨린다"고 했으리라. 이 작품에서 배설물의 흔적을 군도의 이미지로 치환한 표현도 놀랍거니와 버려진 존재들의 흔적을 은유적으로 시각화한 여러 대목들이 구체적이고 냉정한 이미지로 바뀌면서 이 작품의 전면에 가감 없는 생명 의식을 보여준 것만도 가히 탁월하다는 평가가 마땅하다.

시인은 "사람은 교육하지만 개 돼지는 사육된다"는 명제를 통해 인간 중심의 문명에서 발생한 폭력성을 비판하는 한편으로 그 비판은 역전되고 "주인의 당근과 회초리가 무서워/주인에게 삶과 죽음을 온전히 맡기고/쫓겨나면 갈 곳 없는 종족"에 맞서는데 이건 단지 개의 운명이 아니라 자유를 상실한 것도 모르고 체제에 순치된 채 살아가는 인간 군상을 그리 초상(肖像)한 것이리라. '불편한 사육'은 결국 인간 사회 전체에 대한 은유로 확장되면서 시의 후반부가 한층 철학적으로 바뀌는 것을 볼 수 있고 "그들 소리에 늑대처럼 달든 하늘 보며/울분이 내장된 울음통이 들어있다"고 한 대목은 단순한 동물의 울음이 아니라 억눌린 생명 세계의 통증과 울분을 그리 표현한 메타포라 할 수 있다.

이 작품에서 '늑대'는 원초적 자유의 상징이며 '울음통'은 감정의 기관이자 억압된 언어의 대체물일 수 있다. 그리고 말 대신 울음을 내는 존재들과 인간의 그림자가 겹쳐지는 것 또한 문명 속에서 길들여져 사육당하는 인간과 동물의 운명을 줄 풀린 강아지나 군산 열도, 그리고 당근과 회초리와 울음통 등의 비유를 연민과 자기비판의 형식으로 결합하여 냉철한 현실 속의 비애를 읽어가게 한다. 시적 성격으로는 사회비판적 서정시라 할만한 이 작품은 인간 탐구에서 시적 전환을 도모한 동물시이며 "사육하다가 사육되어 버린 먹이의 변화"에 이르러 주체와 객체의 역전이 이루어지는 것은 자연스럽고 웅숭깊다고 하겠다.

  그리 보면 "불편한 사육"은 문명 속에서 오도 가도 못한 가두리에 갇힌 채 자유를 잃어버린 우리 모두의 정직한 자화상으로 읽어도 좋지 않겠는가.

> 살 만하다 맛이 들었다 하면
> 거두어 가네
> 수확이 없는 가을은 헛일이겠지만
> 넓고 높은 하늘 아래
> 혼자라면 쓸쓸해지지 않고 배길 수 있을까
> 나뭇잎을 떨구는 계절이면 외로워
> 떼 지어 날아가는 하늘 기러기를 보면
> 입맛 씁쓸하고 괜히 슬퍼지지
> 알고 보면 쓸쓸한 건 나의 속이
> 여무는 신호야
> 사는 게 힘들고 씁쓸하다 해도
> 비빌 언덕 같은 것은 있을 거라
> 여럿 속에 혼자 견디는 건
> 단단해지기 위한 수련이겠지
> 달콤할 무렵 생이 추락하고
> 즐거우면 정점이 오는 것 순리일까
> '함께'라는 말은 나약한 말
> 씁쓸하고 쓸쓸한 것은 홀로서도 건강한 것
> 그늘을 만드는 일은 더불어 할 일이지
> 희망은 아지랑이 절망은 폭포였어
> 해도 달도 견디기에 둥글어지는 것 같아
> 너도 나도 모질게 견디어야 하겠네

익어 간다는 말보다 더 앞서는 건
'쓸'이라는 단어
삶이 바늘 구멍 같다느니 별거 없다느니
떫디떫은 말 씁쓸해서 하는 이 말
그러나 한편 이면에는 그리움 같은 것이
담긴 말일지도 몰라
아! 참 이런 씁쓸

- 「쓸쓸하고 씁쓸한 것」

  우리네 삶이 노상 그렇다 싶은 것은 공교롭게도 '살 만하다 맛이 들었다 하면/거두어 가는' 목숨들을 빈번하게 목격하게 된다. 믿음 가진 사람들이 아니어도 '수확이 없는 가을은' 상상조차 부질없는 '헛일'이라 할 수 있고 넓고 높은 하늘 아래 못 견디게 그리운 그 무엇 땜에 인간은 저절로 쓸쓸해지고 만다는 것이다.

  나뭇잎 떨구는 외로움이야 계절에 맞추지 않아도 얼마나 핍진한 슬픔으로 번지고 스미던가. 그런가 하면 하늘 한편을 떼 지어 날아가는 기러기를 보면 저들의 외로움 또한 핍진한 것으로 하늘을 어찌 건너거나 피해 가는가를 지켜보게 한다. 그래서 우리는 쓰디쓴 입맛을 다시면서 괜시리 울음이라도 터트리고 싶을 때면 때맞춰 울음 같은 슬픔을 찾는다. 그런데 이쯤에 와서 화자는 쓸쓸하다는 것은 '알고 보면' '나의 속이/여무는 신호'라며 이처럼 통상 입에 달고 다니는 말이 '사는 게 힘들고 씁쓸하다 해도' 비빌 언덕 같은 것은 언제나 존재하는 법이고 여럿 속에서 혼자 견디는 것은 더욱 단단해지기 위한 일종의 자기 수련이라는 것. 생의 추락과 정점의 시간을 달콤한 것과 즐거움에 걸어 오히려 '함께'라는 말의 연대적 유혹에서 과감해져야 나약함을 벗을 수 있다는 것이고 씁쓸하고 쓸쓸할 때는 혼자서도 건강하다는 화자의 언술에는 '더불어' 그늘이나 만들어서 아지랑이처럼 조용조용한 시간 위에 늘 폭포같이 내린 절망을 회상하고 다가가게 한다.

해와 달이 둥글다는 것도 견디고 견디다가 그리된 것이란 설정이고 너도나도 둥글어지기 위해서는 모질게 견디자는 권유에 이르면 익어 간다는 말보다 우선한 것은 "'쓸'이라는 단어"가 갖는 생각의 오지랖이었다. 떫디떫고 씁쓸하다 해서 반추하는 이 '쓸'이라는 말은 한편으로는 그 이면에 도사린 그리움 같은 것이 자책하듯 담길지 몰라 튀어나온 "아! 이런 씁쓸"로 작품은 마무리를 닫는다.

이 시는 일상에서 만나게 되는 빈번한 정서 중에 '쓴맛' 같은 쓸쓸함에의 음미가 이채롭게 읽히고 "씁쓸하다"란 말은 언어적 중첩보다는 인생의 본질에 비춘 특징적 정조가 되기에 충분하다는 것이다. 인생의 세월에는 입맛을 다실 만큼 달콤한 순간도 있고 견딜 수 없이 쓸쓸함과 씁쓸함이 온세상을 뒤덮기도 했었다. 시인은 그 같은 사실을 피하거나 우회하지 않고 정면으로 통과하려는 시선을 보이면서 오래 견디는 것이 우리가 살아가는 통상의 쓴맛이라고 발언하는 것 같다.

이 작품 또한 여느 작품처럼 화려한 수사나 복잡한 상징은 그다지 심하지 않지만 정서적 반복과 여운으로 작품의 체격을 만들어가고 기나긴 인생의 여정을 건너온 나이 든 자의 회한 같은 것이 진하게 배어「쓸쓸하고 씁쓸한 것」에서 우리는 시집 전체를 담보하는 아포리즘적 키워드를 읽을 수 있었고 이를 돕는 작품이란 생각에 시인의 시정신 또한 집약적으로 노래 된 가편이 아닌가 싶다.

> 가끔
>
> 아주 가끔은
>
> 옷소매에 고개 묻고
>
> 돌아서서 우셨다
>
> 속내 알 수 없고
>
> 볼 수도 없는
>
> 어쩌면 혼자 아닌 서러움
>
> 강물 흘러 저문 강둑에서
>
> 이젠
>
> 내가 흘러간 눈물을 떨구고 있다
> -「어머니의 눈물」

위의 「어머니의 눈물」은 어머니를 추억하는 노래이자 생의 연민과 염려를 돌이키는 속내 깊은 작품이다. 그런가 하면 한편의 역사적 증언으로도 눈여겨보게 하는 이 작품에서 어머니가 흘린 눈물은 제목에서 부터 단순 감성의 배설을 넘어 삶 자체의 표정과 고통을 감내하는 응축된 의미가 드러난다.

볼 수도 없고 속내도 알 수 없는 어머니의 일

 '가끔/아주 가끔'에 와서 어머니가 습관성처럼 반복한 옷소매에 고개를 묻고 돌아서서 우시던 모습을 그 시대를 살아온 우리 모두는 하나의 판박이 무늬처럼 공유하고 있다. 그러면서도 한편으로는 어째서 그리 우셨던가는 '볼 수도 없'고 '속내'도 알 수 없는 일이어서 어쩌면 이 모두가 어머니 '혼자 아닌 서러움'이라는 설정은 화자만의 생각은 아닐 터이다. 그리고 세월은 흐르고 흘러서 '강물 흘러 저문 강둑에서' '이젠' 어머니가 아닌 '내가' 멋도 모르고 그 모습을 지켜보기나 했던 때를 떠올리며 주체할 수 없이 떨군 눈물은 미만한 죄송스러움이 되고 이에 몸 둘 바를 모르고 흘러가는 강물을 바라보며 망연해지는 것이다.

 어머니가 흘린 눈물은 그 어느 때고 자식과 가족을 위한 희생의 표상이자 시대적 고난을 건너온 헌신과 사랑의 표지로 읽어야 할 것이다. 노동과 빈곤 그 간극에서 자행된 역사적 폭력이나 사회적 소외 따위가 어머니의 삶에 온전히 흘러들어 그것이 바로 눈물로 터져 나온다는 설정은 결곡하면서도 간절하다. 앞에서도 말했듯 시인은 이 같은 눈물을 단순한 배설적 정서로 노래한 것이 아님은 물론이고 "알 수 없고 볼 수도 없는" '어쩌면 혼자가 아닌 서러움'까지를 읽어내게 하면서 그 눈물을 어떻게 읽어야 할지를 감 잡게 한다.

그것은 또한 민중적 역사와 그들의 고단하고 힘든 삶과 맞닿아 있으며 기억해야 할 시대적 증언의 자리이기도 하다. 그런 의미에서 어머니의 눈물은 한 개인의 눈물을 넘어 동시대를 살아온 여성 내지는 민중 모두의 눈물인 동시에 우리는 이 같은 작품을 두고 개인적 슬픔에서 비롯된 공동체적 집단적 울음을 엄위하고 그들 언어의 높은 상징성을 보인 시라 할 수 있다.

우리는 임린 시인의 여러 작품들을 종횡으로 살펴가며 여기에 이르렀다. 첫 번째로 독서한 「간이역 젖는 이유는 무엇일까」는 쇠락한 간이역 풍경을 지나간 시간과 그리움의 언어로 응축하였고 「노점 어머니」는 5·18이라는 역사적 비극과 개인적 상실을 자연스레 교차시키고 있다. 「달과 같이」, 「무직」, 「어머니의 눈물」 등은 가족사를 통한 개인적 상실을 기록하는 한편 역사적 기억-5·18, 고려인의 삶, 선교사 마을 등-과 개인적 기억-어머니, 아버지, 고향, 빈곤 등등-이 한 몸처럼 엮이면서 시인은 자신이 잃어버린 세월을 곱씹으며 사회 전체가 잊지 말아야 할 품목임을 환기하는 자리로 나아간다.

임린 시인은 상실과 기억에의 쓸쓸함이 딸린 시대적 증언, 요컨대 끝내는 견디면서 도달한 시적 의지를 노래하면서 시편들 상당수가 상실과 부재를 기록한다.「풀이 꺾이면」등의 시는 심대한 상실에서도 다시금 몸을 일으켜 살아가려는 생의 부활 의지를 인간적 차원에서 읽을 수 있었다. 임린 시인의 이번 시집은 전반적으로 '상실과 견딤의 미학'을 중심 주제로 읽을 수 있었고 그들을 따라가면 반복적으로 등장하는 정서적 핵심어가 쓸쓸함, 무직, 눈물, 그리움, 그림자, 빈 깡통, 풀이 꺾임 등등에 모아지면서 이는 단순 감정의 배설이 아닌 시대를 관통하면서 겸하여 상처와 부재의 징후들을 읽을 수 있었다.

그럼에도 시인은 이 같은 삶을 굳이 상세하게 밝히거나 반복하기보다는 쓸쓸함 그 자체를 어김없는 생의 추진력으로 받아들이는 시적 태도를 견지하고 있다. 그리고 보통의 경우 임린의 시 작품들은 개인적 정서를 넘어 노동의 소멸과 아버지 세대가 겪은 좌절, 어머니의 자별함과 희생, 혈연에서 연유한 디아스포라적 유랑, 존재의 공허라는 사회사적 맥락으로 그의 언어와 시적 표정들을 확장하고 있다.

개인의 고통을 시대의 초상으로 확장시키는가 하면 "사회적 감수성의 시학"을 구축하는 것 또한 이채롭다 하겠다. '자기 안의 고요'를 노래하는 이번 시집은 한국 현대사의 상흔을 반추하고 어루만지는 거울이 될 것이고 그리 보면 임린의 시집 전체를 관통하는 정서는 '쓸쓸함'

에 모아진다는 평가가 마땅하다.

 그 같은 쓸쓸함은 단순한 외로움이나 감상적 우울을 넘어 자각한 존재만이 느낄 수 있는 투명한 고독 즉 세상과의 거리에서 생의 본질을 바라보는 통찰의 정서가 선명하다. 예컨대 「무직」에서 보여준 아버지의 부재를 사회적 존재의 붕괴로 그리지만 그가 유지하고 있는 시선에는 원망보다는 연민과 이해의 조용한 빛이 짙게 깔려 있다. 「쓸쓸하고 씁쓸한 것」에서도 화자는 절망 대신 거기에서 야기된 쓸쓸함을 삶의 일부로 받아들이는 시적 성숙성 또한 보여준다. 이 점에서 임린 시인의 시작품들은 비극이 빚은 서정이 아니라 고요한 체념 가운데서 뽑아낸 관조의 시학이라 할 수도 있다. 임린 시인의 언어에는 또한 화려하거나 실험적이기보다는 오히려 담백하고 절제된 표현으로 하여 일상의 말투에 가까운 문장을 구사하고 있다.

 이는 그가 요량한 언어적 평이함이 그만의 독특한 리듬과 여백이 되어 하나의 미학을 형성하고 있다. 세상에서 가장 말이 적은 사람을 꼽으라면 바로 시인이라는 말이 있다. 그리 본다면 임린 시인은 정말 말수가 적은 시인이다. 그래서 임린의 작품 창작은 그만큼 절제된 표현을 통해 자신이 접한 삼라만상의 표정과 기질을 그만의 언어로 끌어내고 그래서 조성한 더 큰 사물 간의 간극을 지키고 유지하면서 그가 꿈꾸고 의도한 세상을 노래해 왔다.

 예를 들어 「빈 깡통을 들고 유통기한을 보는 습관이

있다, 나를 보는 것처럼」이나 「산다는 것은」 등의 작품에서는 문장 몇 줄로 끝나는 짧은 작품이지만 그들의 간결함 속에 깊은 사유가 절로 느껴져 온다. 이처럼 임린 시인이 구사한 언어적 감각은 심히 절제된 것으로 시인의 미학적 신념과도 연결되는 매우 실팍한 모습을 볼 수 있다. 그런 의미에서 그에게 시란 감정의 폭발이 아니라 삶의 잔여와 고요를 포착하는 사유의 도록이라 할 것이다. 형식 면에서도 임린 시인은 과도한 실험 대신에 전통적인 자유시 형태를 유지하는 방향으로 언어의 리듬과 정서적 응축에 집중하는 것을 볼 수 있다.

이 덕분에 그의 시집 전체가 하나의 단단한 언어와 목소리로 이어지는 것이며 그의 시에서 반복적으로 등장하는 공간과 사물의 언어적 상관성이 일상에서는 소소하지만 이들 사물이 존재론적 질문의 매개체로 작용하고 있다. 이 점에서 임린 시인의 시 세계는 김소월의 서정적 정통성과 백석의 사물시 계통, 그리고 최근 한국 시단에서 두루 활발한 '존재론적 경향' 등을 아우르는 방향으로 독서할 수 있었다.

「풀이 꺾이면」 등에서 보듯 "풀은 꺾이지만 다시 일어선다"는 상징성 높은 구절을 통해 이 시집 전체가 하나의 존재론적 생명력을 압축하고 있다고 하겠다. 따라서 임린의 시 세계는 절망의 시학을 넘어 사물이 지닌 상처를 직시하면서 끝내는 "살아내야 한다"는 윤리적 의지를 끝까지 견지해 나가는 절제된 내면화로 보다 성숙한 서정을 노래하고 있다. 그러면서 그 끝에는 조용한 구원과 회복의 정신이 자리 잡고 있음을 볼 수 있다.

화려한 언어 대신 절제된 리듬으로

그리고 임린의 시편들은 일상에서 접하는 고통과 상실을 피하지 않고 직면한 상황이나 사물을 다시 일으키려는 생의 보고서라 할만하다. 상실·쓸쓸함·존재의 견딤을 시적 중심에 두고 그가 펼치려 한 일관된 시 세계가 감상적이지 않고 정서적 깊이를 담보하는 언어적 대장정임을 그만의 언어로 특질화하고 있다. 요컨대 임린 시인의 시편들은 화려한 언어 대신 침묵과 절제된 리듬으로 인간적 쓸쓸함을 견디고 넘어서 도달한 서정시학의 한 높이라는 사실이며 이번 시집은 이를 보여주는 매우 괄목할만한 성과로 기억하고 싶다.

결론 삼아 그의 시편들을 굳이 짧은 문장으로 요약하자면 "쓸쓸함을 노래하되, 쓸쓸함에 잠기지 않는 시"라는 사실이고 부재와 상실을 언어로 담아낸 그의 문학적 도정에 이번 시집이 괄목할만한 성과였음을 되새기면서 거듭 이후의 문운을 축원드리는 마음으로 무잡한 필을 접는다.